INVENTAIRE
Y²

100 TÊTES

sous

UN BONNET.

100 TÊTES

SOUS UN BONNET.

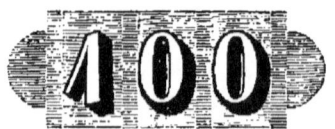

TÊTES

SOUS UN BONNET,

Par Joseph Bard.

PARIS,
HIPPOLYTE SOUVERAIN, ÉDITEUR.
MDCCCXXXVI.

Auxonne, Imprimerie de X.-T. Saunié, éditeur.

UN MOT D'AUTEUR.

Ce volume que je crois avoir traduit par un titre dont on voudra bien me pardonner la bizarre vulgarité, se compose d'un assez grand nombre de morceaux inédits en vers et en prose et de fragments publiés dans l'*Artiste*, l'*Art en Province*, la *France Départementale*. Écrit sans prétention, je l'offre sans vanité aucune à un public qui m'a toujours instruit et quelquefois encouragé. Il y a, dans ce groupe d'opuscules qui risquent de former un ouvrage, des résumés de romans, des impressions sociales et des notes d'observateur, de la critique d'art et de la critique de livres, de petites œuvres d'imagination, de sentiment ou de souvenirs, de la prière, de l'espérance et de l'amour, trois choses qui demandent culte et sympathies. Mais, chaque pièce ici juxtà-posée est un tout homogène, unitaire, complet, et l'on pourra dire du volume que s'il est aisé de l'ouvrir, il est plus facile encore de le fermer.

Un souper avec Weiss.

I.

UN SOUPER AVEC WEISS.

VNION. ET. LABÈVR

Parmi les hommes de lettres fixés en province par leurs goûts sédentaires et leur religion des premiers souvenirs, il en existe deux surtout dont le nom a un retentissement incontesté même à Paris où l'ou brise tant de renommées et où l'on improvise tant d'illustrations dans les vingt-quatre heures; ce sont le boulanger de Nismes et le bibliothécaire de Besançon, c'est-à-dire Reboul et Weiss. — Ailleurs, j'ai peint Reboul dans ses habitudes privées, dans ses solitaires intimités et dans son incroyable ménage où la harpe du poète dort sur le sac de farine : j'ai raconté sa petite et confortable maison de la rue de la *Carréterie*, à Nismes, cette chambre où une amitié si hospitalière m'a tendu la main, où un portefeuille si riche m'a été ouvert, où un luth si harmonieux chanta pour mon ame. — Je n'y reviendrai pas.

Mais, une vieille affection pour la Franche-Comté me ramena, il y a quelques jours, à Besançon, dans la patrie de ce bon et tant spirituel Nodier qui aime tout le monde et que tout le monde chérit. — A ceux qui ont le malheur de ne pas connaître Besançon, je dirai que c'est une belle et excellente cité où Victor Hugo a reçu le jour par hasard, où M. Joseph Droz est né dans le berceau de sa famille; je dirai que c'est une ville peuplée de monuments de la renaissance et d'églises modernes à la somptueuse ornementation intérieure; je dirai que si, couchée dans son étroit vallon, elle semble se cacher au siècle qui balaie nos plaines, elle ne craint jamais de le regarder en face, du haut des âpres montagnes qui la ceignent.

— N'était la brusque et presque frauduleuse conquête de Louis XIV, Dole (IVSTITIA. ET. ARMIS. DOLA), s'honorerait encore de sa longue et glorieuse capitalité dans le comté de Bourgogne, car à l'époque de la domination française seulement, Besançon devint la tête de la province. Avant que ce noble héritage de la maison de Bourgogne échappât à la couronne d'Espagne, Besançon, ancienne cité impériale qui long-temps se régit, comme Strasbourg, avec sa constitution organique propre, ses franchises municipales et ses inviolables libertés, Besançon (DEO. ET. CAESARI. FIDELIS. PERPETVO) n'était qu'une cadette bien nouvellement réunie à la Franche-Comté, en vertu d'échange fait en 1664, contre la ville de Frankendal. On la voit donner 300,000 livres à son nouveau maître, le roi de France, pour qu'il la rende siége du parlement, de l'université et de l'hôtel des monnaies : et si Dole qui avait mérité sa préséance par tant de sacrifices et d'héroïques dévoûments, conserva quelque temps encore sa chambre des comptes, elle paya cette faveur de 40,000 livres versées dans les coffres royaux.

Quoiqu'il en soit de ces irrévocables destins, j'avais à peine passé deux heures à Besançon, que déjà, après avoir salué d'un regard historique l'ancien palais du cardinal de Granvelle, je heurtais à une porte fort connue de toutes les célébrités voyageuses et de tous les visiteurs intelligents. — C'était celle de Weiss.

— Entrez.

— Ah! c'est vous! comment vous portez-vous, mon jeune camarade? — Venez-vous de Paris?

— J'arrive de Paris.

— Avez-vous vu Nodier, Taylor, Alexandre Dumas, Victor?

— J'ai vu Nodier. J'ai causé architecture du XVe siècle avec Victor Hugo, assis dans sa grande stalle si merveilleusement ciselée, que par un rare bon marché, il a payé 1,500 francs. J'ai rendu de fréquentes visites à Marmier, le Germanique, dont j'estime fort la vie laborieuse et dont j'apprécie l'ame si chaude, si sincère et si vierge.
— Pour Dumas, il courait de par l'Italie, tandis que le baron Taylor crayonnait à Amiens, pour le *Voyage pittoresque,* la sublime cathédrale qui a formulé l'art français du moyen-âge — Mais, j'ai assisté au congrès convoqué à l'Hôtel-de-ville par l'institut historique, et puis je me suis laissé conduire à une assemblée phalanstérienne, chez M. Victor Considérant, de Salins.

— Connaissez-vous la *Perce-neige?* Figurez-vous que Marie avait fait adresser à Besançon quelques exemplaires de ce keepsake, qui n'y sont parvenus que trois semaines après le nouvel an.

— J'ai lu la *Perce-neige* le jour même de sa mise en vente; mais non sans regretter sincèrement que madame Ménessier n'y ait signé qu'une pièce bien délicieuse : *Pour endormir ma fille.*

— Ah! ah! nous aurons bien des choses à nous dire; il y a trois ans, au moins, que vous n'êtes venu à Besançon — n'importe, nous parlerons congrès, artistes, grands hommes et grandes choses. — Je n'ai pu achever, dans la nuit, ma correspondance, il faut que je réponde encore à dix ou douze lettres d'amis et de confrères. — A midi, venez à la bibliothèque, nous irons revoir les églises. — Et puis je préviendrai Viancin de votre arrivée : nous souperons ensemble, c'est affaire convenue, à sept heures.

Vous apprendre que je fus fidèle au rendez-vous donné par le célèbre atlas de la biographie nationale, serait soin superflu. Nous visitâmes la *Porte Noire* assez heureusement consolidée par M. Marnotte, architecte, et cette vieille église métropolitaine de Saint-Jean veuve hélas! du saint-suaire que pleurent encore les respects du peuple, et qu'on avait coutume d'exposer au clocher, le dimanche de la quasimodo et le dimanche qui suit l'Ascension. Vieille carcasse de vaisseau byzantin, accroupie sous un toit d'une désolante ampleur, radoubée, dans le dernier siècle, d'une tour et d'un apside sans analogie avec les lignes générales de l'édifice, Saint-Jean de Besançon ne peut pas être considéré comme un monument. Mais si cette église, à l'extérieur surtout, est pauvre d'aspect et fait misérable figure, si elle ne saurait compenser pour les Bisontins la perte de leur ancienne basilique co-métropolitaine de Saint-Étienne, telle que nous la voyons, c'est un lieu éminemment approprié à la dévotion et au recueillement.

L'obscurité mystérieuse du temple produite par les verrières colorées de la nef et des bas-côtés et par les cinq grands tableaux transparents placés dans le rond-point du sanctuaire, le système de décoration générale plus brillant, peut-être, qu'il n'est correct, la richesse du matériel servant au cûlte divin, tout cela étonne l'observateur et le dispose à d'ineffables et saintes élévations. Ici, nait d'elle-même sur les lèvres, la douce, la vivifiante prière, ici l'espérance vient, spontanément, murmurer quelques mots à l'oreille, quand on a fléchi le genou sur les dalles de la nef. Près des belles peintures de Fra-Bartholomeo et de Sébastien del Piombo, je remarquai le buste en marbre du pape Pie VI porté sur un socle dont Weiss a composé l'inscription. Si ce livre devait être lu par des archéologues, j'aurais résumé mon opinion sur Saint-Jean, en ces mots : Il y a quatre faits matériels dans cet édifice ; l'architecture du XI-XIIe siècle, pour la plus grande portion, l'art adolescent du XIIIe, la reconstruction partielle du XVIIIe et la restauration de feu le cardinal duc de Rohan, sans comprendre deux chapelles et deux tribunes qui sont l'œuvre de la renaissance.

Cependant, Weiss, M. Viancin, poète distingué, M. le professeur Pérennès et moi, nous nous trouvions réunis, vers sept heures du soir, dans une petite maison de la rue Saint-Vincent, en face d'une table servie simplement, mais pourvue d'excellents mets.

Oh! la franche et véritable cordialité que celle qui confondait nos joies dans une joie commune et nos sympathies dans une commune sympathie! Combien Weiss fut constamment lui-même, savant sans pédanterie, aimable sans apprêt, enjoué sans enflure, malin avec indulgence et spirituel avec bonhomie : combien peu il y eut, entre nous, échange de ces phrases convenues, si usitées dans un certain monde au sein duquel on est heureux de ne pas exister habituellement! Drame, romans, poésie extérieure et poésie intime, moyen-âge et XIXe siècle, jolies femmes de tête-à-tête et jolies femmes de salons, amours spiritualistes dans le cœur, amours précises sous le tilleul, toutes ces choses qui sont la vie, vinrent tour-à-tour nuancer nos causeries, entre le vin des Arsures et les truffes de Piémont. Weiss, comme cela devait être, me parla beaucoup de Beaune, ma patrie, de Chorey où j'aime tant à me recueillir en de naïves souvenances et dans mes affections d'enfant, de Paris que j'habite trop souvent, de Lyon que je chéris d'une tendresse à la fois si exaltée et si réfléchie, et de mes visites incessantes à toutes les basiliques érigées entre le dernier soupir du type byzantin et le premier défi porté par la renaissance à l'architecture nationale. Mais il ne fut pas possible d'arracher au bibliothécaire de Besançon, un seul mot sur sa propre personne.

Et quand je compare les savants consciencieux de la province, si accessibles à tous, si dévoués pour tous, à cette foule de médiocrités suffisantes de la capitale, qu'on ne peut aborder qu'après une humiliante station dans l'antichambre, qui se drapent à l'entresol et trônent sur un fauteuil emprunté, qui couvrant d'un manteau de louage leur vie de prostitutions et d'intrigues, vous lancent leurs dédains amers et leur stupide persiflage sur les hommes et les choses que Paris ne produit pas; ah! combien alors, je me félicite de mes amitiés provincialistes, avec quelle joie je me résigne à une obscurité dont je ne déchirerai pas le voile par des turpitudes! — Grandement ils seraient surpris, tous ces autocrates de feuilletons, de trouver à cent lieues de la capitale, un bibliothécaire qu'aucune demande n'embarrasse, qu'aucune parade ne séduit, qu'aucun éloge n'enivre, qu'aucun combat ne désarme, qu'aucune supériorité n'inquiète. Qu'ils viennent donc à Besançon, ils y verront Weiss, toujours sérieux et profond, même dans sa plus folle gaîté, toujours également éloigné et de la fausse modestie et de la jactance.

Toutefois, nous nous prenions à rire comme des écoliers, puis nous effleurions une question sociale, puis nous descendions à une grosse mais innocente malice, puis nous nous relevions ou à la cathédrale, ce résumé de tout ce qui est art intime, ou à l'opéra, ce résumé de tout ce qui est art extérieur; puis encore, nous épuisions cette haute théorie du cœur à qui les mystères et les symboles sont ce qu'est le soleil à l'églantine de la vallée. M. Viancin ne chanta aucune de ses jolies stances, parce qu'il avait un enrouement réel ; mais M. Pérennès, professeur de littérature française à la faculté des lettres, nous établit d'une manière brillante et sentie, le rôle de la littérature nationale au XVIe siècle, et appela notre attention docile sur ces pères de l'église grecque et de l'église latine dont les œuvres peu populaires sont appréciées seulement de quelques ames choisies.

Tout à coup, une grande et large idée vint à Weiss, et sans transition, il nous la traduisit.

— Nous avons parlé de congrès historiques, messieurs. — A ce propos, Joseph, n'aurons-nous pas aussi un jour notre congrès des deux Bourgognes, convoqué une année à Dijon, ancienne capitale des états souverains, lorsqu'aux mêmes puissants maîtres appartenaient le duché et le comté, et une autre année à Besançon ?

— Vœu généreux, vœu fécond en résultats civilisateurs, vœu riche en décentralisation provincialiste ! — S'il a lieu, ce congrès des deux Bourgognes, vous le présiderez, M. Weiss, car vous êtes homme à le porter tout entier sur vos épaules.

Besançon est après les grandes cités normandes que je mets toujours à la première place en matière de science, de progrès et de religion patriotique, la ville des provinces de France la plus éclairée et la plus intelligente. Ses théologiens, ses poètes, ses antiquaires, ses littérateurs et surtout son bibliothécaire, justifient assez mon assertion. Et puis, Besançon comme toute la Franche-comté, a gardé ses mœurs à elle, ses respects anciens et ses traditions populaires. Les Bisontins conservent encore la brusque obligeance et la franchise opiniâtre de leurs pères, leur prononciation nonchalante, leurs filiales croyances et leurs usages consacrés, tandis que tant de villes et de cercles naturels ont abdiqué leur cachet historique, leur sous-nationalité particulière, ont fléchi leur tête sous l'abrutissant niveau du monopole gouvernemental, et ont perdu, par un honteux suicide, dans ce grand océan politique qu'il faut appeler centralisation et non pas unité, tout ce qui colore et accentue les diverses contrées d'un même pays, le nom, la physionomie, le dialecte. L'unité, c'est la clef qui rallie à un centre toutes les zônes de la voûte, c'est l'organisation suprême qui régit toutes les organisations satellitaires; mais elle doit relier des membres et non pas de chétifs morceaux, des vitalités et non pas des tronçons. — Notre provincialisme, à nous, ce n'est pas l'idée impraticable, rétrograde, absurde du légitimisme, mais c'est une conception applicable, moralement fédérale et politiquement dépendante, qui se concilie à merveille avec l'inflexibilité du principe français.

Revenons au congrès. — Cette assemblée fut décidée, et elle aura lieu. Dijon si fertile en vanités tracassières et hargneuses, depuis que, par la perte de son parlement et de ses institutions provinciales, il est devenu théâtre étroit où les amours-propres ne peuvent se mouvoir sans se heurter, Dijon forcera les coteries à se taire et les camaraderies jalouses à s'effacer. Deux provinces sœurs, l'une depuis long-temps extorquée par Louis XI à une orpheline trop faible pour sa couronne, l'autre plus nouvellement surprise par le canon de Louis XIV, deux provinces si long-temps régies comme une même famille, mais désunies par les gouvernants, puis fractionnées à coups de ciseaux, hachées par leur division arbitraire, mécanique, insignifiante en départements, retrouveront enfin leur glorieuse et commune expression, leur valeur personnelle, leur poids spécifique, et c'est à l'auguste sacerdoce des lettres qu'elles le devront. Le Comté apportera la fraîche poésie de ses montagnes et les chansons du châlet, Dole, le crâne de ses héros et les légendes de Mont-Rolland, Autun son archéologie gallo-romaine, Châlons, la dernière pierre du palais de ses rois; Beaune, le souvenir de ses *grands jours* et de sa *cour d'Appeaulx*, et Dijon montrera deux ducs et une duchesse de Bourgogne couchés dans leurs tombeaux.

— Ah! dit Weiss, j'aime encore Dijon, car je suis Franc-comtois et les Dijonnais sont mes frères ; mais, Joseph, avouez-le, votre vieux type bourguignon s'est bien déplorablement altéré, vos vieilles mœurs se sont bien applaties, un mauvais vent a soufflé sur la poésie de vos monuments et de vos châteaux. Je n'entends plus guère parler ce patois bourguignon qui eût protégé vos traditions. — Mais vos paysans, ils sont devenus bien citadins, et l'œuvre nécessaire alors, mais inutile aujourd'hui, de l'assemblée constituante, s'est bien pleinement réalisée chez vous. — Un chemin de fer qui traverse Beaune, Dijon, Nuits, Chàlon-sur-Saône et Mâcon, et c'en est fait de la Bourgogne, et le nom de Bourgogne ne revit plus que dans l'histoire, et les derniers vestiges de la province-mère de Jean-sans-peur disparaissent comme un rêve.

— Un jour, ajouta le bibliothécaire de Besançon, je me trouvais, dans la diligence, allant à Paris, avec un petit abbé qui pendant long-temps se renferma dans un morne silence. Cependant, je parlai des souvenirs unis de la Bourgogne et de la Franche-Comté...... Tout à coup, le petit

abbé se prit à sauter sur la banquette et à dire :
— Ah! plaise à Dieu qu'un fossé de trois cent pieds en profondeur nous isolât des contrées voisines! — Puis, il renfonça sa tête dans son manteau et reprit son opiniâtre mutisme. — Le petit abbé avait raison; c'était un homme d'un grand sens et d'une prodigieuse portée. — Hélas! tout devient hôtelleries et grandes routes, toutes les races d'hommes, toutes les entités de groupes se confondent, se neutralisent et s'absorbent par de réciproques assimilations, tout se mobilise, tout se fait viager, vide de passé, inconstant et précaire comme ces fortunes de négociants qui n'ont ni racines ni tête!

— Mais notre congrès des deux Bourgognes ne portera aucuns fruits, s'il se borne à une représentation littéraire, s'il n'est continué par une pensée; notre nationalité reconquise en quelques jours retombera dans son îlotisme, si elle ne se perpétue point par une œuvre provincialiste. La conséquence immédiate du congrès doit être la création d'une REVUE GÉNÉRALE DES DEUX

Bourgognes, qui lui survivra, paraîtra par cahiers mensuels, et sera imprimée alternativement à Dijon et à Besançon. Sans cette presse qui deviendra populaire, sans cette tribune toujours occupée, sans cette bannière plantée dans notre sol pour rallier à une puissance de cohésion les forces isolées de six départements (*a*), la résurrection provincialiste que nous concevons est impossible.

— Du jour où le double projet de Weiss aura reçu sa complète exécution, les deux Bourgognes auront moralement revécu.

Cependant le souper se termina par de copieuses libations et des toasts à l'union des deux provinces.

(*a*) Dans ces six départements, Saône-et-Loire, la Côte-d'or, le Jura, le Doubs, la Haute-Saône et l'Yonne, je ne puis comprendre que la plus faible partie de ce dernier, c'est-à-dire, l'ancien comté d'Auxerre qui, jeté loin de nous, sur la grande route de Paris, sous l'influence absorbante de la capitale, loin de notre reste de mœurs bourguignonnes, députait jadis aux états généraux de la province; mais n'avait avec elle qu'une parenté équivoque. J'aimerais bien mieux nous rattacher l'ancienne Bresse qui ressortissait à notre parlement et nous appartient par toutes les analogies de goûts et de climats.

— Croyez-vous que ce souper de Besançon ne valut pas les soupers si connus d'Auteuil, où l'on persiflait tout ce qui vivifie les peuples, où l'on faisait du scepticisme bâtard et de l'incrédulité fanfaronne?

Quant au congrés, je laisse à Weiss le soin de son organisation; — à lui d'arrêter le programme, à lui de fixer et de déterminer la durée. — Mais, dût le ciel briser toutes ses cataractes, je franchirai les six lieues de Bourgogne qui séparent mon village de Chorey de la ville de Dijon, pour m'y rendre.

Chant d'amour.

II.

CHANT D'AMOUR.

> TOVT. POR. DIEV
> ET. L'AMOVR. TOIOVRS

Soit qu'agenouillés dans nos souvenirs comme une châtelaine de marbre sur sa tombe, nous peuplions le foyer domestique de touchants symboles et de pieuses harmonies, soit qu'assoupis en de suaves tristesses, sous nos ombrages de famille, nous parfumions d'un rêve le banc du pélerin, soit qu'avec la lyre du poète, nous répondions à toutes ces voix qui vous parlent, le soir, quand l'aïeul a béni ses enfants réunis vers l'âtre flamboyant; aimons-nous, ma BIEN-AIMÉE, aimons, aimons-nous toujours, car l'amour, c'est un soupir ineffable qui commence dans le cœur et finit sous l'aile des séraphins et des anges.

I.

Ah! ma Gabrielle, nous résumons le ciel et la terre. — Plus n'écrivons nos pensées, plus ne songeons aux jouissances d'art; quand on écrit, quand on raisonne, vois-tu, quand on lit, quand on comprend, on a cessé d'être poète : bornons-nous à des rêves sans désenchantements, à des émanations sans résidu, à cette poésie de fait qui n'a pas de forme convenue, qui ne se traduit pas, qui n'emprunte rien aux sens. — Gardons toutes nos intimités en nous-mêmes, ne pressons aucune signification, ne discutons aucun symbole, n'exprimons que goutte à goutte je ne sais quelle liqueur dont notre ame est la source, pour rendre tout ce que nous voyons, idéal comme nous-même.............. Que la brise qui caresse le lis de la rive nous emmène où va la brise, où va l'eau qui coule, où va la fumée de la chaumière, où va l'écho de la nuit, où va la vapeur de la vallée.

II.

Quand le Forum populaire mugit, quand le temple catholique, cette incroyable épopée de pierre, qui, pareille à l'homme, a un corps pour forme et un mystère pour ame, tremble sur ses pieds fatigués de porter le vieux monde, quand le vent de l'abîme fane la fleur sous nos pas et siffle dans nos tentes, serrons-nous de plus près en nos cœurs, jetons-nous enchaînés l'un à l'autre, les yeux fermés, les mains jointes, dans cette thébaïde d'amour, dans cette solitude qui ne porte point de nom ici-bas, mais qui a les cieux pour terme.

III.

O ma Gabrielle, nous avons de ces ames lointaines, gémissantes et malades, à qui la terre ne suffirait pas si ne nous aimions autant, si nous étions capables de poser un pied dans le présent, si nos extases, nos ravissements ne nous plongeaient sans cesse dans un passé qui nous exalte et dans un avenir qui nous divinise.......... Vivre comme nous, MA BIEN-AIMÉE, c'est n'avoir qu'une lèvre pour embrasser et qu'une main pour bénir, c'est avoir Dieu dans son regard, tous les anges du paradis sur son front, tout leur encens dans son haleine, tous les cantiques des harpes d'or dans sa voix, toutes les merveilles dans ses songes, toutes les initiations sublimes dans ses pensers, toutes les odeurs saintes dans ses senteurs; c'est nager dans l'infini et sentir l'éternité rayonner sur sa tête.

IV.

Je t'aime, Gabrielle, dans l'aile de la colombe qui m'effleure, dans la coupe fleurie du banquet, dans l'hospitalité naïve du hameau, dans le sacrifice que le prêtre de nos autels offre à la pensée suprême qui régit le monde. Je t'aime dans toutes ces vieilles coutumes qui survivent au village, dans les contes de la veillée, dans les frissonnements du beffroi qui tinte l'*Angelus*, je t'aime dans toutes mes affections, dans mes meubles, dans mes champs héréditaires, dans tout ce que je n'ai pas acheté, mais qui vient de mes pères; je t'aime dans la rose qui ouvre son calice aux perles du matin ou le ferme aux baisers humides de la nuit, dans le pâtre qui met ses deux genoux sur un tombeau, dans le curé qui, du haut de sa vieillesse, laisse tomber sur un auditoire de probités rustiques, ses paroles d'espérance et de consolations.

V.

Je t'aime dans la prière qui anéantit, dans la prière qui soulage, dans la prière qui purifie, dans le malheur qui implore, dans la résignation qui se tait, dans le chant d'oiseau, dans le murmure d'eau vive, dans le silence et la fraîcheur; je t'aime dans les mélancolies de la ballade écossaise, dans les splendeurs du soleil méridional, dans la lumière indécise de la lune, dans la jeune fille qui se mire au bord du lac frémissant comme son sein, diaphane comme son cœur, caressant comme ses yeux; je t'aime dans le cygne qui nage, dans la nacelle qui vogue, je t'aime, je t'adore dans toutes choses. Identifié avec toi, ma Bien-Aimée, j'ai greffé ma vie sur ta vie. — Brûlons comme la myrrhe, et que notre dernier souffle soit un nuage qui remonte au firmament.

Soit qu'agenouillés dans nos souvenirs comme une châtelaine de marbre sur sa tombe, nous peuplions le foyer domestique de touchants symboles et de pieuses harmonies, soit qu'assoupis en de suaves tristesses, sous nos ombrages de famille, nous parfumions d'un rêve le banc du pélerin, soit qu'avec la lyre du poète nous répondions à toutes ces voix qui vous parlent, le soir, quand l'aïeul a béni ses enfants réunis vers l'âtre flamboyant; aimons-nous, ma Bien-Aimée, aimons, aimons-nous toujours; car l'amour, c'est un soupir ineffable qui commence dans le cœur et finit sous l'aile des séraphins et des anges.

Joseph Le Bon à la Cathédrale d'Amiens.

III.

JOSEPH LE BON A LA CATHÉDRALE D'AMIENS.

1793.

> SEIGNEVR
> PARDONNEZ. LVI

Cet homme aux cheveux plats et raides, au bonnet rouge enfoncé méthodiquement sur sa tête, cet homme si habile à se décomposer les traits et à se donner l'air d'un croquemitaine et d'un incendiaire, cet homme qui ne manquait jamais de paraître sur la place publique, le cou, les pieds et la poitrine nus, vêtu d'une culotte et d'une veste de nankin déchirées avec trop de précision pour que le cynisme affecté de l'ignoble tribun ne se montrât pas à travers chaque trou de sa souquenille, l'ex-capucin Chabot, en un mot, toujours assailli de terreurs, et ne pouvant plus soutenir le regard de ces gardes nationaux d'Amiens, qui le faisaient trembler comme roseau des marais, venait de partir brusquement pour Paris où il ne tarda pas à porter son chef sur l'échafaud.

André Dumont, député avec lui à Amiens par les comités de salut public et de sûreté générale, pour y calmer les mouvements insurrectionnels, occasionnés par la crainte de la disette, restait seul dans la vieille et industrieuse capitale de la Picardie, Dumont à l'ame plus négative que mauvaise, à l'esprit cassant et sec, et à l'habit propre, avait besoin d'un collègue. A ce commissaire donc fut adjoint un autre représentant, presque inconnu alors, mais qui, bientôt, devint horriblement illustre par ses crimes.

Le 2 septembre, l'administration du département de la Somme avait été destituée en masse, sous le prétexte qu'elle avait rendu des *arrêts liberticides*, et par suite de ce premier essai de l'autorité dictatoriale des deux représentants, toute la ville d'Amiens était plongée dans la stupeur.

Cependant, le 8 du même mois, jour anniversaire de la *Nativité de Notre-Dame*, il y avait des rassemblements d'hommes, de femmes et d'enfants vers le parvis de l'église cathédrale, devenue le temple de la déesse *Raison*. Dès le matin, les habitans du *Hocquet* et du *Port-du-Don*, qui avaient conservé si vive et quelquefois si brutale la foi de leurs pères, vinrent protester autour du temple vide contre la suppression du culte national. — Car toujours les fêtes chrétiennes seront les fêtes éminemment populaires; et le catholicisme, cette poétique individuelle et sociale, chassé de ses abris de marbre par le vent révolutionnaire, s'était formé de nouvelles cryptes dans le cœur des populations. — Le temps était d'une magnifique sérénité.

— De la sérénité : c'est chose rare en Picardie. — Mais quand la splendide lumière de la Sainte-Baume vient, passagère, inonder les villes si pittoresques et si monumentales du Nord, les horizons indécis et les paysages mélancoliques des Flandres ou de l'Artois, qu'il fait bon voir tous ces hommes de mœurs douces, d'intimes croyances et d'affections infinies, s'épanouir au jour, se livrer au soleil comme à un ami qui ne nous appartient qu'un instant! — Et quand ils embrassent la vallée rayonnante, la forêt qui sourit, quand ils se bercent, dans leur indolence de quelques heures, sur les rameaux essuyés par l'aurore, quand ils se couchent sur l'herbe, vers la rivière aux éclatants reflets, combien peu ils ressemblent aux *lazzaroni* de Naples et de Palerme! — Ces hommes du Nord, voyez-vous, ils sentent le soleil, ils comprennent le soleil comme un amant comprend une maîtresse grande, noble et réservée. L'Italien aime son climat; mais il l'aime de cet amour excentrique que le débauché donne à la prostituée.

Quoiqu'il en soit, un sublime spectacle était là. — C'était le grand comble de la cathédrale d'Amiens, étincelant comme un lac immobile sur le faîte d'une montagne; c'était la Rose aux trente feuilles ou la *Rose des vents*, c'étaient la *Rose du ciel* et la *Rose de mer*, ces trois roses encadrées dans des ciselures si hardiment fouillées, cette trinité si large de ton, si ferme de motifs, si mystique de coloris et de symboles, si mordante de détails; c'étaient toutes ces admirables verrières, flamboyant comme d'immenses planètes idéales aperçues dans un prisme. — C'était la lumière d'un soleil presque méridional, qui jouait dans les frêles dentelles de la flèche aérienne, donnant du relief et de la saillie aux huit statues qui la ceignent, aux piliers-butants rangés, ainsi que des siècles, autour du monument, à tous ces commentaires sensibles des livres saints, étendus comme une vaste encyclopédie populaire, sur la face et sur les flancs de la colossale basilique.

Tout le peuple d'hommes, de femmes et d'enfants pantelait, ondulait et murmurait sur la place étroite que la grande ombre de l'édifice rend habituellement si sainte et si grave. Le vent qui, même dans les jours les plus calmes, ici, n'abdique jamais son empire, étreint le géant de granit, siffle dans les plis de son manteau chamarré de légendes, de martyrologes et de monogrammes, fait sourire les saints ou grimacer les démons qui veillent autour de sa tente, le vent soulevait tous ces flots de population, les faisait tournoyer comme des vagues, et mêlait une solennelle voix à des voix bourdonnantes et confuses.

Il y avait des hommes taillés carrément comme des blocs de rochers, qui priaient vers le grand Saint-Christophe, tout pleins de cette vieille croyance :

CHRISTOPHORVM. ASPICIAS. POSTEA TVTVS. ERIS (*a*)

et des femmes se signaient silencieusement sous l'arc ogive aux profondes voussures de la porte dite du *Sauveur;* et d'autres femmes — c'était le plus grand nombre — se disputaient la place de deux genoux sur les dalles de la porte connue sous le nom de la *mère de Dieu*, à cause de la statue de la Sainte-Vierge, adossée au trumeau qui la divise en deux ventaux — et de petits enfants serraient de leurs doigts les grains luisants d'un chapelet, accroupis près d'un contrefort du *clocher sourd*, les yeux levés vers ces groupes d'anges qui portent des encensoirs et des chandeliers garnis de cierges.

Cependant, un homme d'une stature élevée, fluet, à cheveux châtains, portant la tête haute, à l'œil petit et perçant comme un œil de lézard, arrive sur la place de Notre-Dame, en débou-

(*a*) C'est-à-dire : REGARDEZ SAINT CHRISTOPHE ET VOUS SEREZ EN SURETÉ.

chant par la ruelle obscure qui mène à la prison des *Grands-Chapeaux*. Il jette un regard irrité sur tout ce peuple prosterné dans ses souvenirs, va, vient, se promène à grands pas, heurte la foule, gromèle entre ses dents, et machinalement, se gratte avec violence le front et le nez.

— 415 pieds de longueur dans œuvre, 450 pieds à l'extérieur, 132 pieds 8 pouces sous clef de voûte, 402 pieds du pavé à l'extrémité du clocher, 182 pieds de largeur d'un refend à l'autre, à la croisée, 98 à la nef (*a*). — Beau chantier! — Six cents lurons de bonne volonté, et notre affaire, citoyen-représentant, est dans le sac, ou je ne m'y connais pas. — Ainsi parla un petit homme de la plus grêle encolure, à la veste étriquée, à la culotte râpée, coiffé d'un bonnet phrygien monstrueusement gros pour un si exigu visage et une personne si *gringalée* et si étique. — Cet extrait d'homme tenait une grande règle à la main, et de sa poche graisseuse, sortait un

---

(*a*) Toutes les dimensions en hauteur, longueur et largeur données ici par l'interlocuteur, sont rigoureuses.

énorme peloton de ficelle qui paraissait avoir un plomb pour base, puisque la poche qui le contenait battait raide et lourde contre la fesse du pauvre diable, tandis que l'autre tremblait au vent comme une guenille de chiffonnier.

— Tu as raison, répondit l'homme au petit œil perçant; et projetant sa tête en arrière avec une promptitude convulsive, il ajouta : — Toute cette canaille que tu vois là, citoyen, est payée par les prêtres réfractaires, les ci-devant, les aristocrates et les éternels ennemis de la république une et indivisible. — Eh bien! qu'ils rongent leurs saints, qu'ils les lèchent jusqu'à s'user la langue, qu'ils marmottent, et croisent les mains devant leurs madones, jusqu'à devenir pierre comme elles, qu'ils boivent jusqu'à la lie le calice des turpitudes sacerdotales : — Car tous ces moëllons vont être réduits en toises sur la place publique.

— Où est la place publique assez vaste pour les contenir? — Dit, en se perdant dans la foule, un citoyen microscopique qui, vraisemblablement, avait entendu le propos, en passant inaperçu.

— Dans les champs d'Acheul (a).

— *Quoi! quoi! qué qu' dient?* — *N' sais mi* (b), commençaient à vociférer les femmes du *Port-d'amour*, l'œil hagard, menaçant, devinant avec l'admirable instinct du peuple, qu'il s'agissait de quelque projet violent contre la cathédrale.

— Et cela, pendant que l'homme au petit œil perçant continuait ainsi : Nous pilerons les images, nous briserons les reliquaires et les dais, nous jetterons au vent les reliques et la cendre des charniers, nous décapiterons le dernier apôtre, nous éventrerons la dernière madone, nous pulvériserons le dernier martyr et nous broyerons la tête du dernier confesseur avec celle du

(a) On se rappellera qu'alors il n'y avait plus de saints (Saint-Acheul).

(b) *Je ne sais pas*. La langue qui se parle encore dans les bas quartiers d'Amiens n'est autre chose que le vieux français de Saint-Louis.

dernier roi (*a*). — Oh! les vils imbéciles.......
Faites donc passer tous ces butors sous le niveau
régénérateur de la liberté! — Au lieu de songer
à la patrie, ils se courbent dans leurs souvenirs
d'esclavage et d'abrutissement, ils se roulent
dans la fange du fanatisme, ils viennent baiser le
mensonge personnifié dans ces statues et la honte
de leurs pères signée sur toutes ces pages du livre d'impostures. — Oh! que ce civisme est
digne! — Les dents de JOSEPH LE BON, (car c'é-
tait lui, le monstre), claquèrent, et sa figure de-
meura long-temps contractée comme une gre-
nouille soumise à la pile voltaïque.

— Sais-tu, citoyen-représentant, que la république tirera bon parti des matériaux en pierres,
charpentes, plomb, etc. Ici, nous sommes éloi-
gnés des carrières de Picquigny, vois-tu, la
pierre se vend à merveille (*b*).

(*a*) Le Bon voulait, sans doute, parler de la galerie des rois
qui ornent le grand frontail de la cathédrale.

(*b*) Toute la pierre qui a servi à l'érection de N.-D. d'Amiens,
a été extraite des abondantes carrières de Picquigny (Somme).

Tout à coup Le Bon se prit à bondir comme un jeune cheval mis au vert dans la prairie, il grimpa sur une borne et s'écria d'une voix aigre et sifflante, en se tordant comme un supplicié :

« Citoyens et citoyennes, écoutez Le Bon, représentant du peuple. — Il essuya, du coin de son mouchoir, la sueur qui ruisselait sur son front. — Que faites-vous là, horde d'ignorants et de bêtes? Avez-vous oublié que le soleil qui nous éclaire a mis au grand jour de la raison nationale les mômeries et les impostures du clergé, brûlé les brigands de prêtres, tiré pour toujours la nation de la servitude et de l'infamie? — Des prières, des simagrées, quand vous devriez tous vous offrir en holocaustes à la sainte république. — Retirez-vous de suite, troupe de fainéants et de niais, ou sinon, je fais sauter immédiatement cet antre bâti par le fanatisme, pour en finir avec l'église et avec vous. — Cent, deux cents maisons seront écrasées par sa chute; il y aura une effroyable boucherie d'hommes et de femmes, il y aura des enfants brisés dans leur berceau et des

vieillards disloqués sur leur fauteuil............ —
peu importe, aux grands maux, les grands remèdes : mieux vaut incendier la ville d'Amiens
que de la laisser rétrograde et crédule. — Tout
l'édifice est miné, croyez-moi, il ne reste qu'à
mettre le feu à la mèche. — Il faut que l'obscurantisme meure, que l'hydre du catholicisme
soit à jamais détruit, que la ruine du plus vaste
et du plus magnifique monument chrétien retentisse comme un coup de foudre en Europe, fasse
trembler tous les temples sur leurs bases et le
pape sous sa tiare.

— Le Bon se moucha plusieurs fois coup sur
coup, regarda la cathédrale du coin de l'œil et
resta muet quelques minutes.

— Tout calculé, une démolition régulière est
préférable au jeu de la mine. — Pas pierre sur
pierre, entends-tu, citoyen-voyer, qu'à midi on
soit à l'œuvre, demain. La légion de volontaires
Belges qui arrive ce soir à (*a*) Amiens, pour aller

(*a*) Les seuls dommages qui aient été causés à la cathédrale
d'Amiens, lors des troubles révolutionnaires, sont l'œuvre de
ces vagabonds. Ce sont eux qui ont mutilé les bas-reliefs du
pourtour du chœur.

offrir son énergie patriotique à la république, nous donnera des bras.

— Et toi, Le Bon, as-tu donc oublié que tu fus un fanatique, un brigand, un imposteur, dit un homme joufflu, à nez épaté, et à sourcils épais, en secouant sa tête trapue sur les épaules des femmes du *Hocquet.* — Te souvient-il de moi ?.......... Riquier, eh! parbleu, je suis Riquier d'Abbeville en Ponthieu. J'ai été naguère ton élève au collége de Beaune en Bourgogne, où j'avais un oncle chanoine; tu étais, toi, oratorien et préfet de pension.......... J'ai servi ta messe dans la petite église du Vernois près de Beaune, te le rappelles-tu, Le Bon, tu étais alors curé constitutionnel de cette commune. — Te souviens-tu de X........, notre ami, de X......, notre ami? — Ah! ventrebleu! tout cela n'est pas ancien. — Il te va bien de venir nous pérorer de la sorte. — Riquier se tut. — Le Bon se mit dans une telle colère qu'il écuma comme un lion; mais ne put articuler une seule parole.

Alors, il y eut une scène populaire des plus pathétiques. Un houra général, tumultueux, menaçant, s'éleva dans le camp des femmes. Les unes se précipitèrent dans le temple de la *Raison*, les autres s'étendirent sur le pavé, d'autres s'accrochèrent à toutes les figures qui décorent les trois portes trinitaires. — C'était une autre imagerie vivante, remuante, vociférante et pantelante, à côté de la muette et permanente imagerie de pierre, sculptée jadis par ces *tailleurs d'ymaiges* ou *ymaigiers*, qui étaient de si profonds et de si spirituels artistes, qui comprenaient et traduisaient si merveilleusement tous les sens abstraits, toutes les significations symboliques du temple catholique, au moyen-âge. — Quelques pierres lancées par des bras vigoureux, volèrent dans la rue du cloître Notre-Dame où Le Bon, accompagné toujours du petit voyer, se dérobait, à pas précipités, à sa flagrante impopularité. — Et le grand comble de la cathédrale continuait à étinceler comme un lac immobile sur le faîte d'une montagne, et la *Rose des vents*, la *Rose du ciel*, la *Rose de mer*, continuaient à flamboyer comme d'immenses planètes idéales aperçues dans un prisme. — Et tout ce peuple d'hommes, de femmes et d'enfants qui grondaient, trépignaient ou pleuraient; tous ces chuchottements, toutes ces bourrasques de vociférations, toute cette tempête d'imprécations excitée par une harangue de cannibale, que c'était une solennelle leçon à ceux qui foulent aux pieds la poésie d'un passé et le culte des traditions! — On dit que le grand Saint-Christophe descendit de sa niche et vint montrer au peuple, Jésus-Christ enfant, qu'il porte, depuis tant de siècles, sur ses épaules; on entendit hennir le coursier noir du cavalier de l'apocalypse, et les anges de ce paradis de pierre sculpté sur le frontail de Notre-Dame d'Amiens, sonner de la trompette. — Croyez-le bien, croyez-le bien, il y avait là un de ces incroyables spectacles que donnent seules les révolutions.

Cependant, une jeune et belle Artésienne dont l'œil caressant et tendre était ombragé par de grands cheveux bruns, avait suivi le féroce représentant. Elle se traîna à ses pieds, et lui dit, pendant que le petit voyer qui venait de recevoir un caillou sur la tête, tamponnait sa plaie sur une borne :

« Le Bon, tu m'aimes éperdûment, tu me demandes avec de frénétiques instances des faveurs que je me suis fait, jusqu'ici, un devoir de te refuser, tu me poursuis de ta passion malheureuse. — Eh bien ! choisis entre ta vandale résolution et moi. — Ajourne la chute de l'édifice colosse, cette immortelle gloire de la ville d'Amiens, et ma couche t'appartient ; mais souviens-toi que si tu persistes dans ton horrible dessein, le premier démolisseur qui voudra ôter un moëllon à la cathédrale, ne pourra pas l'atteindre sans percer le cœur de ta victime. »

— La figure de Le Bon s'épanouit ; un sourire voluptueux, mais furtif erra sur ses lèvres ; il s'approcha de la jeune femme et balbutia ces mots à son oreille :

Mais peut-être............... A 9 heures et demie, ce soir à la *Hautoye*, dans l'avenue qui longe la prison de Bicêtre......... — Tu me trouveras, entends-tu, friponne, sois fidèle au rendez-vous. — Nous verrons........... peut-être........... — Elle est charmante...... — Et il disparut comme une flèche qui suit la corde tendue de l'archer, pendant que la foule inquiète, s'écoulait lentement par la rue escarpée qui, des bas-quartiers, donne accès à la place de la cathédrale.

. . . .
. . . .

Est-ce à une prostitution, où au prompt départ de Le Bon, ou à sa crainte de révolter une population courroucée, que l'on doit la conservation de l'église cathédrale de Notre-Dame d'Amiens. — Je ne sais. —

Mais le lendemain, les maçons ne vinrent pas, et le monument, type de l'art national, l'auguste chef-d'œuvre que la Grande-Bretagne et la Germanie nous achèteraient de la moitié de leur histoire, Notre-Dame d'Amiens nous reste!

Pour Le Bon, condamné plus tard à la peine capitale par la cour d'assises du département de la Somme (a), il a, depuis long-temps, expié ses forfaits. — Son nom vit toujours, pourtant........ Ah! qu'il doit peser à celui qui le porte, et que je plains amèrement son fils! — Quoique les fautes soient personnelles, néanmoins, on est

---

(a) Le Bon fut mis en arrestation en vertu d'un décret du 29 messidor, an III, et écroué à la conciergerie d'Amiens, le 20 thermidor suivant. Déclaré coupable sur 11 points criminels, il fut condamné à la peine de mort, par jugement du 13 vendémiaire de l'an IV.

« Cet homme, dit l'historien d'Amiens (M. H. Dusével), qui s'était fait un jeu barbare du désespoir de ses victimes; qui, du haut du balcon d'une salle de spectacle, les apostrophait sur l'échafaud; qui plaçait ensuite le bourreau à sa table; qui, pendant la nuit, se rendait ivre sur la place publique, et trempait son sabre dans le sang amassé sous l'instrument de mort; qui massacrait sans pitié des vieillards, des femmes, des enfants; qui se livrait sur leur supplice à d'atroces dérisions, mourut avec lâcheté. L'exécuteur fut obligé de le soutenir dans la charrette; il le soutint également pour monter les degrés de l'échafaud. Il paraissait privé de toute connaissance. On prétendit même que, pour s'affranchir des horreurs du supplice, il s'était enivré avec une bouteille d'eau-de-vie, au moment de quitter la prison pour marcher à la mort. »

bien malheureux d'avoir un monstre pour père, et de ne pouvoir pas, le soir, murmurer un nom propre dans sa prière, sans se briser l'ame, sans voir sa piété filiale froissée par une ombre hideuse, sans sentir toute sa poésie intime de cœur et d'entrailles, se glacer dans un souvenir de sang.

Ah! la Convention ne porte pas toutes les souillures. — Pouvoir d'énergie patriotique et d'exécution, il lui fallait opter entre la ruine de la nationalité française et la terreur : il fallait qu'elle frappât fort et vite ou qu'elle se laissât garotter par l'étranger. — L'extrémité fut affreuse; mais il est hors de doute que les Le Bon et les Carrier ont dépassé les intentions de l'assemblée, et qu'ils ont constamment mis leur atrocité personnelle à la place de leurs instructions.

Simon de Chastellux.

IV.

SIMON DE CHASTELLUX,

LÉGENDE DE LA BASSE-BOURGOGNE.

CIƆ CCCCC IIII

POR. SOVENANCE
DE. CRAVAN. ET
DE. CLAVDE. DE. CHASTELLVX

C'est à savoir, qu'en l'Église d'Auxerre,
 Les comtes de Chastellux
Noissoient jadis (et mon dire est sincère)
 Chanoines laïques élus. (*a.*)

(*a*) Quand Louis XIV fit son entrée à Auxerre, en 1683, le roi et toute sa cour, dit M. Chardon (Histoire de la ville

Quand le seigneur venoit à Saint-Étienne ;
De son beau droit prendre possession,
Le chœur en procession,
Récitant la sainte antienne,
Le recevoit avec Dévotion.

Or voici le costume où, dans la cathédrale,
Le noble suzerain s'avançoit vers la stalle
De sa maison :

d'Auxerre), remarquèrent avec surprise, au moment où l'évêque (M. Colbert) accompagné de son chapitre, alla au-devant de S. M., un des chanoines botté et éperonné, ayant sous son surplis, un habit de guerre, écarlate, galonné d'argent sur toutes les coutures; sur le bras gauche, une aumusse et un faucon; sur le surplis, un baudrier brodé armé d'une épée, et à la main droite un chapeau gris orné d'une plume blanche. Ils en demandèrent l'explication à l'évêque. C'était le comte César-Philippe de Chastellux, usant du beau droit offert par le chapitre reconnaissant au sire Claude de Chastellux, et à ses descendants, en 1423. Le roi lui-même le complimenta sur la rare prérogative dont jouissait sa famille. Quelques courtisans voulurent plaisanter sur la bigarrure de cet habillement : « Ne badinez pas, leur dit Louis XIV, il n'y a aucun de vous qui ne dût se faire honneur d'un pareil titre. »

Sur le bras gauche il portoit la fourrure (*a.*)
Qui du haut chœur complète la parure,
    Et sur le poing un faucon.

    Il tenoit de la main droite
Un chaperon bordé, couvert d'un plumet blanc,
Et le baudrier d'or attachoit à son flanc
    L'épée à lame étroite.

Puis, d'un surplis de lin il étoit revêtu,
Et l'éperon des preux, à sa botte sonore,
Brilloit comme rosée aux rayons de l'aurore....
— Le comte, à Saint-Étienne, entroit ainsi vêtu.

Simon de Chastellux, dans l'église d'Auxerre,
    Venoit un jour prendre possession
De son canonicat laïque, héréditaire,
Et le clergé selon l'usage séculaire,
Procédoit avec pompe à l'installation.

(*a*) L'aumusse.

Déjà le suzerain, dans une stalle antique
   Qu'embellit son blazon,
Que couvre d'un tapis la tenture gothique,
Sous les sombres arceaux de la sainte maison,
S'assied, et sur son poing se dresse le faucon.

Mais, pendant que le comte, avec orgueil contemple
Les mystiques vitraux qui décorent le temple,
Et qu'il jouit des droits de son canonicat,
Le chœur, à haute voix, chante *Magnificat*.

I.

Simon de Chastellux qui ne savoit pas lire,
  Tenoit ouvert un missel à coins d'or;
   Mais le puissant et noble sire
   Ne comprenoit qu'un trésor :
    C'étoit l'oisel de proie,
    Qui, sur son grand bras
     Mal se déploye,
     Tel qu'une oie
      Sans joie,
      Las!

Mais, pendant que le comte, avec orgueil contemple
Les mystiques vitraux qui décorent le temple,
Et qu'il jouit des droits de son canonicat,
Le chœur, à haute voix, chante *Magnificat.*

II.

Eh ! oui le fier oisel si vivace naguère
Sembloit souffrir ; au lieu de ce regard
Qu'on vit scintiller à la guerre,
Son œil paroissoit hagard ;
Et son aile grisâtre,
Sur le noble poing,
De se débattre,
De s'ébattre
Et battre
Point !

Mais, pendant que le comte, avec orgueil contemple
Les mystiques vitraux qui décorent le temple,
Et qu'il jouit des droits de son canonicat,
Le chœur, à haute voix, chante *Magnificat.*

III.

Des flots d'encens qui parfumoient l'Église,
Mal se trouva l'ami du suzerain.....
Cruelle et fatale surprise........
Source d'un si grand chagrin !
Sous les yeux de son maître,
L'oisel au beau port,
Dans tout son être,
De paroître
Et d'être
Mort !

Vîte, il fallut emporter du haut siège
Et le faucon défunt et le maître qu'assiège
La douleur au bras d'airain.
— Qu'advint ?.... — Trois jours après, la tombe féodale
Las ! enferma, dit-on, sous une même dalle
L'oisel et le suzerain.

DE PROFVNDIS ✝ A M E N

V.

L'AUMONE,

ÉLÉVATION.

DATE. OBOLVM
BELISARIO

I.

Il y a des jours où le cœur, ce centre de toutes les spiritualités qui nous exaltent, cette voix intime de nos harmonies et de nos tendresses, se tait comme la harpe pendue au chevet du trouvère. Il y a des jours où l'ame est léthargique, où la raison, qui est un de ses plus nobles attributs, sommeille, et fléchit, je ne sais sous quel poids de néant et de doute.

II.

Pourquoi cette dualité qui compose le mortel? pourquoi ce silence momentané de la pensée divine en lui? pourquoi ce cauchemar de l'ange, pourquoi ces luttes entre l'esprit et les sens, pourquoi ces heures mauvaises où l'homme physique ne succombe pas dans le combat?........

III.

Douces émanations d'amour, de prière et de foi, ô chastes émotions, ô larmes saintes, ô mélancolies, ô mystères, ô pressentiments infinis qui nous font un sanctuaire dans les passions, une solitude dans le tumulte, un abri dans la tempête, un ciel sur la terre, l'auriez-vous quitté pour toujours?..........

IV.

Hélas! lui aussi, Roger de Romville, il avait connu ces jours négatifs où l'ame semble s'exiler de nous-même, où le cœur est mort, où la sensation triomphante supplée le sentiment et le voile de ses fleurs étiolées.

V.

C'était à Lyon, cette ville de négoce et de travail, où le bruit incessant des métiers, les rumeurs d'un peuple avide de lucre et de plaisirs, le cours précipité d'une civilisation encore plus féconde en vices qu'elle n'est riche en progrès, vous préoccupent malgré vous, vous entraînent brusquement sur des pentes glissantes au bout desquelles est un abîme.

VI.

Nulle idéalité ne passait dans l'ame de Roger.

Lui qui, d'ordinaire, enveloppait de tant de sublime lointain sa fragile existence, lui qui se plaisait à aspirer la poésie la plus pure et la plus élevée, lui qui aimait tant à s'assoupir en de délicieuses extases, en des ravissements incroyables, en des rêves pleins de fraîcheur et de virginité; il allait cherchant les voluptés brutales, s'agenouillant devant leurs séductions.........

— Et pourtant, la veille de ce jour, il avait vu sa fiancée, sa belle et caressante amie, aux affections si transparentes et si limpides; il avait causé avec elle, sous les yeux d'une mère indulgente et vertueuse; il avait senti ses cheveux effleurés par les cheveux de Marie; il avait lu toute une épopée d'amour dans les regards si suaves de Marie; il avait dérobé un parfum sur sa lèvre; il avait compté les frémissements indécis de son sein; il avait bercé dans la brise, sur le flexible coudrier, ce front si blanc, si candide et si reposé, au bord du ruisseau murmurant et plaintif.

VII.

— Mais aujourd'hui, l'ame de Roger était malade, émoussée, ou plutôt elle était vide comme le tabernacle de nos autels, après la translation du Saint-Sacrement dans le tombeau, au jeudi qui précède la Pâque.

VIII.

Lyon, ville de dépravation et de fracas, est aussi une cité de repos, de foi et de pieuses élévations. — Les grincements des machines n'y rendent pas muettes les voix d'airain des églises; les cris de chars et d'ouvriers n'y étouffent pas les cantiques du temple; la croix brille à côté de l'atelier, l'asile de charité se montre en face du lieu de prostitution. — Ici, la foule court à des joies infâmes, là, elle vole à de célestes consolations. — Et puis, un trône domine toute cette ville baignée par un fleuve impétueux et par la Saône aux ondes si poétiques et si calmes; ce trône, le plus touchant des mystères, le plus auguste symbole de toutes les tendresses l'occupe, c'est MARIE, c'est NOTRE-DAME-DE-FOURVIÈRES.

IX.

Sans dessein arrêté de vaincre le saisissement terrestre auquel il était en proie, il prit fantaisie à Roger de suivre la foule qui se dirigeait vers la colline de Fourvières, et il monta les degrés qui avoisinent l'église primatiale de Saint-Jean.

X.

Au milieu des flots de fidèles qui gravissaient le côteau protecteur sanctifié par les martyrs de Lyon, il coudoyait tantôt la piété pimpante et frivole, tantôt la piété grave et réfléchie, tantôt la piété instinctive et populaire. — Car le catholicisme, voyez-vous, il n'est que naïf et touchant pour le peuple, il est immense et sublime pour le savant, il est compris par l'ame et senti par le cœur; il n'est encore méconnu que par ces hommes limitrophes, intermédiaires et incomplets qui n'ont ni l'ame assez large pour le comprendre, ni le cœur assez neuf pour le sentir.

XI.

Un premier pauvre, assis sur une borne voisine de l'Antiquaille, tendit à Roger sa main livide et maigre; — il détourna les yeux.

XII.

Un second pauvre pleura devant Roger et implora sa pitié dans une langue qu'on ne peut point traduire.

XIII.

Roger passa outre.

XIV.

Une troisième misère accroupie sur le pavé demanda humblement l'aumône à Roger. — C'était une femme voilée, ayant à côté d'elle une petite fille qui pleurait et balbutiait, à voix basse, des *Ave*, un rosaire à la main.

XV.

Encore un coup, Roger passa outre.

XVI.

Une quatrième infortune s'offrit à lui; un de ces hommes qui grimacent et se tordent, portent des béquilles pour mendier, et, le soir, les jettent comme un masque de comédien, sous la table huileuse du cabaret; qui injurient le plus souvent le passant, et, oubliant qu'ils ne peuvent pas marcher, lui courent sus, s'ils ont éprouvé un refus.

XVII.

Roger compara cette abjection du paupérisme effronté à l'état de la mère voilée, aux gémissements si timides, aux pleurs si cachés. — Il réfléchit quelques minutes; il comprit qu'il y avait d'un côté vice et insolence, et de l'autre, résignation et soupirs. Cette préoccupation morale lui rappela qu'il avait une ame. — Déjà une pensée intime renaissait en lui.

XVIII.

Cependant, il se trouva à la porte du vieil oratoire de Notre-Dame-de-Fourvières, et machinalement, il la franchit.

— Je ne sais pas combien de temps il resta dans le saint lieu; je ne sais pas s'il y pria l'auguste et invisible souveraine de Lyon.

XIX.

— Ce qu'il m'est permis de supposer, c'est

que, durant sa station dans la chapelle, Roger avait songé à l'aumône, et qu'il avait résolu de la mettre en œuvre.

— Il avait vu prier, que n'aurait-il prié, il avait vu secourir, que n'aurait-il secouru, il avait vu aimer, pourquoi n'aurait-il pas aimé; il avait respiré dans un asile plein de mystiques senteurs, pourquoi n'en aurait-il pas recueilli, presque involontairement, un atôme sur sa lèvre? — Hélas! l'homme est destiné à une perpétuelle imitation, tant il a besoin de sympathies, et Dieu se plait à lui faire de ces positions soudaines qui le ramènent à lui, sur un brin d'herbe ou sur un flot d'encens.

XX.

Et quand il redescendit la sainte colline de Marie, Roger alla droit à la femme voilée qui murmurait des plaintes, et il lui tendit d'abondans secours, et aussitôt, il sentit tout son cœur s'épanouir et se diviniser, et il fut entraîné, par d'imprévus ravissements, vers ses mélodies accoutumées, vers sa consolante et tendre poésie. — Toute la vie spiritualiste était rentrée en lui (car la vie spiritualiste, c'est la religion, c'est la vertu, c'est la charité), et avec elle aussi, étaient revenues toutes les idées de foi, de prière, d'amour, de recueillement, d'hospitalité et de commisération.

XXI.

Un nuage s'était, un moment, interposé entre le cœur de Roger et l'astre mystérieux qui vivifie tous les cœurs; mais l'aumône avait entr'ouvert ce nuage de ses doigts de manne imprégnés de céleste rosée, et la lumière s'était fait jour avec ses ineffables mystères.

XXII.

Une fois que le poids de néant et de doute qui l'opprimait eut disparu, Roger alla fléchir ses genoux dans le sanctuaire de Marie, et pleurer quelques heures sur la tombe de sa sœur, au cimetière de *Loyasse*. — Depuis lors, dès que Roger sentit qu'une mauvaise pensée venait heurter à la porte de son esprit, il s'empressa de pratiquer l'aumône.

XXIII.

Telle est l'aumône : elle épure, elle rafraîchit, elle est un des moyens du catholicisme, elle est un de ses plus puissants effets. Elle seule peut opérer la conversion d'un pécheur, parce qu'elle dispose merveilleusement à recevoir tout ce qui est saint et harmonieux. Elle adoucit le remords d'une faute, elle en abrège et en sanctifie la pénitence, elle en prévient le retour, elle calme les passions. — Quand votre cœur saigne, vous verserez du lait sur ses blessures; quand votre ame est souffrante, vous la soulagerez avec un baume bienfaisant, si vous pratiquez l'aumône. — Pratiquons, ah! pratiquons l'aumône!

XXIV.

— Pour Roger, bien il revint à sa constante sérénité. La belle et tendre Marie ne tarda pas à unir sa destinée au sort du beau et tendre jeune homme; et ils vivent à Lyon, jeunes, frais, heureux, sur la douce et odorante colline de Fourvières, comme deux oiseaux du paradis qui auraient, passagèrement, déposé leur nid sur la terre.

Cantilena.

VI.

CANTILENA.

PRIERE. AMOVR
ET. CHANT

Anna, si mon chaste délire
En vers, te parle tout le jour,
Et si les cordes de ma lyre
Vibrent au gré de mon amour;

Ne va pas pas croire à mon génie,
Mon luth module tes accents,
Tes soupirs font son harmonie,
C'est là ton bien, *Je te le Rends.*

Anna, quand mes cheveux d'ébène
Peuvent te plaire quelquefois,
Sois-en sûre, c'est ton haleine
Qui les arrange, et non mes doigts.
Et quand ta lèvre s'y repose,
Si ma lèvre exhale l'encens,
C'est ton souffle qui le dépose,
Il est à toi, *Je te le Rends.*

Si quelquefois mes yeux expriment
Quelque tendresse à tes beaux yeux,
Ce sont les tiens qui leur impriment
Un reflet affaibli des cieux.
Tout ce qui caresse ma vie,
Tout ce qui parfume mes sens,
Ma bouche, ou mon âme ravie,
Tout vient de toi, *Je te le Rends.*

Prière.

VII.

PRIÈRE. (a)

VIRGO. VIRGINVM
ORA. PRO. NOBIS

Vierge sainte à qui nous avons fait un trône sur la plus belle de nos collines, auguste protec-

(a) Cette pièce que je m'empressai d'adresser, du Nord où

trice de la SECONDE VILLE ÉTERNELLE, détournez, ah! détournez de dessus nos têtes le mal qui nous menace, et parfumez l'air que nous respirons.

Pour la troisième fois, ô *N.-D. de Fourvières*, je viens poser publiquement ma harpe dans votre asile de paix et vous transmettre les prières et les vœux de la grande cité de Lyon. Pélerin fidèle et connu de votre autel, prêtre laïque de votre sanctuaire, qu'il me soit permis de vous supplier encore, au nom de tous ces catholiques qui recourent à votre patronage dans toutes leurs infortunes, comme ils lui rapportent toutes leurs félicités.

j'étais, à Lyon (juillet 1835) aussitôt que j'appris la présence du choléra-morbus en Provence, n'ayant de mérite que par la circonstance qui la fit naître, je ne l'aurais pas comprise dans ce recueil, si des amis, à l'impulsion de qui je suis accoutumé à obéir, ne m'avaient pas instamment prié d'ajouter encore à sa publicité.

O Marie, ô Vierge que nous avons tous chantée dans nos cœurs, que nous avons implorée dès l'enfance, que nous implorons et que nous implorerons toujours, soyez douce à l'humble volontaire de votre drapeau, accueillez celui qui, voué aux tendresses infinies de votre culte, a repris la lyre sacrée au premier bruit du péril, et acceptez-le pour mandataire de tout un peuple à genoux, car c'est ce peuple qui prie par sa voix.

Il est revenu semer le deuil dans la chaude et radieuse Provence, le fléau dévastateur que deux fois, déjà, vous nous avez épargné.......... N.-D.-de-la-Garde a sauvé ses élus dans cette Marseille qu'elle bénit de ses regards. — Sans doute, oui, sans doute, elle les aura couverts de son aîle. — Préservez-nous tous, ô *Notre-Dame de Fourvières*, parce que tous, nous sommes vos élus, à vous, tous nous vous aimons d'un saint et ineffable amour.

Interposez-vous, ô Marie, entre le Dieu vengeur et nous, et désarmez son bras suprême prêt à nous frapper, peut-être. — Oh! Lyon a tant souffert!..... Lyon, ville sublime par sa piété, ville sublime par ses souvenirs, ville sublime par les pompes de son église primatiale, ville sublime par la dignité de ses prêtres, Lyon, ROME DES GAULES, n'aurait-elle été éprouvée par tant de calamités, n'aurait-elle vu ses citoyens mitraillés et meurtris, ses temples pris d'assaut, ses maisons en cendres et ses fleuves rouges de sang, n'aurait-elle, deux fois, évité l'invasion de l'épidémie que pour être son éclatante et dernière victime?...... — Non, non, vous le savez, ô *Notre-Dame-de-Fourvières*, au lendemain de nos effroyables malheurs d'avril 1834, nous avons tous gravi votre côteau céleste, nous avons tous courbé le front dans la poussière de votre chapelle, nous avons tous, plus que jamais, espéré et prié.

Intercédez pour la ville, le diocèse et les paroisses situées dans la province ecclésiastique de Lyon; et que, grâce à votre sollicitude maternelle, nous puissions continuer, dans la cité des apostolats et des pélerins, à Saint-Étienne, à Roanne, à Bourg, à Mâcon, à Vienne, à Châlons, à Autun, à Beaune, qui l'avoisinent, à mêler nos pratiques et nos affections de catholiques à nos fêtes de famille, sans avoir à pleurer une mère, une sœur, une fille ou un aïeul prématurément moissonnés dans nos bras!

Vierge sainte à qui nous avons fait un trône sur la plus belle de nos collines, auguste protectrice de la SECONDE VILLE ÉTERNELLE, détournez, ah! détournez de dessus nos têtes le mal qui nous menace, et parfumez l'air que nous respirons.

La Fille-aux-sept-têtes.

VIII.

LA FILLE AUX SEPT TÊTES,

APPARITION.

ENNA — PROV. PROV — I. SV
DELLAI. GRANT. BORGOIG-
NE. VEZ. BIALNE. ET
OSTVN. — POR. DIEV

I.

Par un bel après-midi de juin, je quittai la campagne que j'habite dans le cœur de l'ancienne province de Bourgogne, pour aller voir un ami, à une lieue et demie de là : je partis de pied, seul avec mon chien fidèle, seul avec mes rêves et mes intimités, seul et la canne à la main.

II.

J'avais l'esprit calme et la tête reposée. — Nulle passion violente ne grondait dans mon ame, nul regret de la veille, nul souci du lendemain ne voilaient ces harmonies divines que l'on sent au fond de soi-même, quand on veut s'écouter et se connaître.

III.

Et pourquoi n'eussé-je pas eu le cœur épanoui? .... J'allais serrer les bras d'un camarade d'enfance, je traversais de belles et riches campagnes, le sentier fuyant entre deux haies d'ormeaux, de chênes et de coudriers, le chemin creux ombragé, la prairie émaillée et le bois silencieux.

IV.

D'ailleurs, notre Bourgogne est un si bon pays! un ciel si doux la protège, des arbres si verts l'abritent, des vents si légers la bercent, des rivières si transparentes l'arrosent. Il y a, dans ses mœurs rurales, tant d'usages naïfs, tant de traditions anciennes, tant de ces amours populaires et franches, tant de ces ineffables sentiments que les révolutions ont émoussés, mais qu'elles n'ont pas anéantis!

V.

Je cheminais, recueillant de la poésie partout où je pouvais en aspirer un parfum, tout semblable à l'abeille qui se pose sur chaque fleur dont la corolle a du suc. Avec plaisir, je comptais ces petites croix de bois blanc que nos villageois mettent dans leurs vignes pour attirer sur elles les célestes bénédictions; avec plaisir, j'écoutais murmurer le ruisseau; avec plaisir, je voyais, dans le lointain, poindre la chapelle agreste : car, d'un signe de foi planté dans le chemin, d'une plainte d'eau vive, d'un clocher de village, qui se dessine, indécis, au-dessus des arbres, il s'exhale je ne sais quelles suaves émanations.

VI.

Cependant, j'arrivai, vers quatre heures du soir, chez celui que je voulais visiter. — C'était un de ces amis qui pensent comme soi sur toutes les choses intellectuelles et morales, qui ont de chaudes sympathies pour tout ce qui est spiritualisme et probité; qui honorent tout ce qu'il y a de national, de vrai, de généreux; qui ont des convictions dans l'ame et une harpe dans le cœur. Comme moi, il avait son foyer domestique à la campagne, loin des grandes routes, des places publiques et des métiers; comme moi, il chérissait sa vie de famille, ses habitudes sédentaires et locales, ses joies privées; comme moi, il comprenait l'avenir de la France, et comme moi, il sentait le moyen-âge et son symbolisme artistique.

VII.

Pour n'être pas distrait de sa poésie, il faut absolument habiter les champs. — Tous ces gens du hameau, voyez-vous, ils savent vos héritages aussi bien et souvent mieux que vous-même; tous, jusqu'aux petits enfants, ils vous saluent non pas de ce nom sec, vulgaire, prosaïque et général de *Monsieur*, mais en murmurant votre nom de famille; et, plus habituellement encore, ce nom le plus individuel de tous, que vous avez reçu sur la piscine baptismale. Les vieillards du village, ils ont connu votre aïeul, quelquefois votre bisaïeul; ils l'ont vu à la messe, lisant dans un gros livre à lettres rouges et à plain-chant noté : ils ont tous jeté de l'eau bénite sur son cercueil. — Et puis, les paysans, ils ont toujours le cœur frais et la tête pleine de contes et d'histoires.

VIII.

Les heures coulèrent vite, pendant que je causais avec mon vieux condisciple...... il était tard, bien tard, quand je songeai à me retirer. — Lorsque l'on a subi, durant le jour, un soleil de la saint-Jean, un soleil de vingt-sept degrés, on aime à se remettre en route, de nuit, pour respirer à l'aise. — Mais le ciel était devenu sombre, mais le vent précurseur de l'orage sifflait dans les forêts; mais d'innombrables éclairs brûlaient l'horizon. — Et mon ami, et la sœur de mon ami, jeune et délicieuse personne, que j'aime encore mieux que mon ami, car je l'aime avec de l'amour et non pas avec de l'amitié, Joséphine à la blanche main, au regard si idéal, à la peau si diaphane, aux affections si limpides, aux cheveux si noirs, à l'haleine si embaumée, à la lèvre si pure, au sein si frémissant, et leur mère à tous les deux, me pressaient de demeurer.

IX.

Je sortis brusquement; j'avais promis de revenir coucher chez moi. — D'ailleurs, il me faut, tous les soirs, ma chambre de tous les soirs, mes pantoufles de tous les soirs, le service connu de mes gens, la vue de mon antichambre tapissée d'estampes représentant les principaux monuments religieux du moyen-âge; il me faut, tous les soirs, mon fauteuil héréditaire, tous mes petits riens de l'existence intérieure et domestique.

X.

Dans l'idée d'abréger ma course, je m'engageai dans un chemin peu frayé, bien que fort direct et qui conduit du hameau de mon ami au mien, sans que l'on rencontre autre construction, entre les deux villages, qu'une chapelle en ruine, inclinée sur un cimetière abandonné.

XI.

Le vent du sud était furieux, la foudre roulait avec fracas; deux fois elle vint éclater à mes pieds. — J'entendais gémir les chiens des fermes d'alentour : à la lueur infernale des éclairs, je voyais les arbres se tordre, et les églantines s'effeuiller, et les peupliers fléchir, et les guérets se rompre sur le sol. Les cloches de vingt paroisses gémissaient aussi comme les chiens. C'était une psalmodie cruelle que ces voix de cloches criant en tons divers, cruelle pour moi, voyageant la nuit, avec un orage épouvantable sur la tête. — Au matin d'un jour de fête, lorsque j'entends retentir les cloches des villages épars dans les campagnes, ces cloches, elles n'ont pas le même son!.....

XII.

Vous saurez que, dans nos villages de haute-Bourgogne, on a conservé l'usage de sonner, quand approche une nuée menaçante. Si la nuit est avancée, le curé se lève, il va droit à l'église; les villageois se lèvent aussi et courent à la paroisse : là, le prêtre lit à l'autel la *Passion* de N.-S. — Et le peuple, il est agenouillé sur les tombes, il se signe à chaque éclair; et les vieilles femmes, elles tiennent à la main un cierge de *Sainte-Agathe* allumé.

— Que, si la prudence scientifique des physiciens blâme cette coutume rustique de mettre les cloches en branle dès que le ciel tonne et que des nuages sinistres s'amoncèlent, elle n'en est pas moins respectable, touchante, auguste, puisqu'elle réveille dans le cœur de pieuses intimités, et fait l'homme s'anéantir devant son Dieu.

XIII.

Je marchais à pas précipités — j'avais peur — bien peur. — Je me faisais petit, exigu; je m'effaçais jusqu'à vouloir m'échapper à moi-même. — Je sifflais pour trembler moins, j'appelais coup sur coup mon chien qui tremblait aussi et se trébuchait, sans cesse, dans mes jambes, en cherchant à s'y cacher.

Enfin, j'étais parvenu à distance égale de la demeure de mon ami et de la mienne, lorsqu'une goutte d'eau large comme un écu de six livres vint me couvrir la main. — Je frissonnai, car je crus sentir un baiser funèbre. — La pluie ne tarda pas à tomber par torrents.

XIV.

Nul village, nulle chaumière.... — Heureusement, je me trouvais en face de la chapelle aux murs béants et vêtus de lierre, penchée sur le cimetière délaissé. — C'était l'église d'un ancien prieuré détruit pendant la terreur. — Je fus bien forcé d'aller me blottir sous le porche de cet oratoire, et mon pauvre chien se nicha avec son maître dans la profonde voussure d'un arc ogive qui servit de porte, seul abri qu'il y eût, au milieu de ces ruines sans toit. — Les murailles lézardées craquaient, les herbes du cimetière rendaient des sons lugubres, les tombes remuaient, la tempête continuait.

XV.

Je ne sais ce que je devins; mais de quelques instants de cette nuit affreuse, je n'ai gardé nulle souvenance.

XVI.

— Cependant, mes craintes avaient sensiblement diminué. — On s'accoutume à tout, même à l'anxiété. — Et, je réfléchissais moins à l'orage qu'au lieu où j'étais.... Je pensais à ces débris de l'art admirable et significatif du moyen-âge, à ces débris, œuvre du sacrilége et non du temps; à ces niches profanées qui me donnaient asile; à ces tombeaux humides qui m'étaient hospitaliers; à ces colonnettes fendues, à ces trèfles ébréchés, à ces monogrammes grattés, à ces verrières pulvérulentes, éraillées, à ces chapiteaux écornés, à ces saints qui m'entouraient et pendaient sur mon front; je pensais aux malheurs des révolutions qui mettent le deuil à la place des riants souvenirs, démolissent tout un passé dans un jour, sans se douter qu'un passé ne se recrée plus et que les précédents d'une nationalité qui s'abdique, ne s'improvisent point.

— Je pensais, je rêvais à tout cela, lorsque, dans la lueur d'un éclair blanc, une fille m'apparut.

— Et, elle avait sept têtes groupées sur un corps unique.

— Et ces sept têtes étaient de couleur diverse.

— Il y en avait une blanche, une rouge, une verte, une jaune, une bleue, une noire et une violette.

— Et, sept torches ardentes flamboyaient au-dessus de ces sept têtes.

— Le corps de la fille était magnifique de formes et de contours, blanc comme albâtre : à la ceinture, seulement, il était voilé d'une écharpe blanche aussi, mais blanche à la manière des linceuls.

XVII.

Je voulus fuir..........; mais la fille aux sept têtes me saisit, sans me faire éprouver aucun sentiment de douleur. — Je me trouvai, comme par enchantement, jeté dans une niche vide, élevée en console, de plusieurs pieds, sur le trumeau qui divisait, jadis, en deux ventaux la porte principale de la chapelle.

— Écoute, jeune homme, écoute!

— Je me mis à écouter, aussi immobile dans ma niche que le saint qui m'y précéda, et je regardai mon chien : il se cramponnait à ma canne noueuse, pour tâcher de grimper jusqu'à moi.

XVIII.

« D'abord, rassure-toi, jeune homme, dit la fille aux sept têtes, je suis l'ombre.........

— Je regardai laquelle des têtes de la fille me parlait. — C'était la tête blanche.

« Je suis l'ombre de sept religieuses qui furent écrasées sur cette pierre que tu vois blanchir là-bas, près de la croix brisée. Nous étions sept filles échappées, en 1792, au pillage et à l'incendie de notre monastère, situé loin, bien loin d'ici; et, nous n'avons fui le trépas, que pour le retrouver non moins cruel, vers ces murs qui n'étaient pas encore en lambeaux, mais qui, déjà, pleuraient leurs pieux solitaires dispersés ou meurtris. — Hélas! jeune homme, nous étions sept pécheresses sous le voile et le cilice du cloître, unies par une amitié forte, par des analogies de goûts et de caractère.

« Chacune de nous avait un défaut qu'elle ne

put vaincre. — L'une était née orgueilleuse; l'autre était née féroce, malgré sa haute raison et sa puissante organisation intellectuelle; celle-ci était née avec un penchant marqué pour la mollesse et la volupté; celle-là était née avec le mensonge dans la bouche......

— « Est-ce pour nous purifier, grand Dieu? est-ce pour nous rendre dignes de votre auguste miséricorde, de votre clémence infinie, que vous nous avez condamnées à errer ainsi, durant les nuits d'orage, parmi les ossements, les sépulcres et les ruines de ce prieuré?

« Saurons-nous, un jour, le mot de notre propre énigme? — Pourquoi nos sept têtes plantées sur un seul tronc? Pourquoi cet effroyable et monstrueux emblême?.........

XIX.

« Jeune homme, tu déplorais amèrement les calamités révolutionnaires qui ont privé la France de tant de consolations et de mystères. — La cellule où le bénédictin débrouillait les annales de la patrie, ne se rouvrira pas au bénédictin; la chaumière de l'anachorète, la chapelle placée sur la dent du rocher séculaire, où venaient les pélerins, l'ermitage où le cénobite vivait de racines et d'aumônes, les hautes églises abbatiales avec leurs bibles peintes sur vitraux, leurs tours jumelles, leurs zodiaques et leur Saint-Christophe sous le portail, leurs danses macabres, leurs imageries, leurs reliquaires et leurs jubés, les monuments détruits par tous les genres de fanatisme, ne relèveront pas leur front courbé dans la poudre; mais ceux qui restent debout seront respectés.

— Et puis, une seconde architecture nationale, inconnue, fille de la grande palingénésie sociale d'un peuple renouvelé, va surgir ; car, en France, vois-tu, jeune homme, une vaste transformation s'opère. »

XX.

« Le dix-huitième siècle se retire à tout jamais des mœurs : l'école de Voltaire est finie. Elle prit faveur, d'abord chez les grands; des grands, elle descendit à la classe moyenne, puis aux ouvriers et à la populace. — La populace, infectée aujourd'hui, ne tardera pas à la renier. »

XXI.

« Toi, jeune homme, tu vivras assez pour voir disparaître de la société française toutes les idées négatives propagées par la presse matérialiste. Peu fixées dans la tête des hommes du peuple, elles ne sont tenaces que chez ceux qui ont trop de demi-science pour être ingénus, et trop d'ignorance pour s'élever jusqu'au spiritualisme. »

XXII.

— Et soudain, la tête rouge se dressa, et elle prononça ces mots :

« Il faut que la moitié des générations actuelles soit broyée par le siècle qui va s'ouvrir. »

XXIII.

— Je trouvai cette phrase féroce.

XXIV.

Et c'était la tête de la fille féroce qui avait parlé.

XXV.

Et la tête verte se prit à dire :

« Espérance et consolation, prière, amour, oubli, foi, fraternité et concorde. »

XXVI.

« Tous les peuples vont devenir frères; les douanes qui les parquent, les soldats qui les empoignent, les guerres qui les déciment cesseront d'être. Le catholicisme mis en progrès et en harmonie avec les temps, sera la religion universelle : il a créé la vie du foyer, la société intime; il a fait de ses fêtes, les fêtes de la famille, il a commencé la civilisation et la liberté du monde, il achèvera son œuvre. — Les hommes aux demi-connaissances, ils ne seront pas détruits, mais ils seront éclairés. — Plus de monopoles, plus de tyrannies, plus de Baziles blancs et de Baziles rouges; plus de tartuffes de sacristies ou d'estaminets; plus d'athées et de sceptiques............ — Tout au Christ et aux jeunes nations!

Espérance et consolation, prière, amour, oubli, foi, fraternité et concorde. »

XXVII.

— Et il y eut un bruit confus des sept têtes.

XXVIII.

Et la tête bleue s'avança pour dire : Régénération.

— Et les sept têtes de la fille crièrent ensemble :

Régénération, régénération.

XXIX.

— Tout-à-coup, je n'étais plus dans ma niche; un beau soleil matinal épandait ses rayons; et je voyais Joséphine, la sœur de mon ami, Joséphine, la suave et délicieuse personne, Joséphine à côté de moi.

XXX.

Est-ce dans le ciel ou sur la terre que je l'ai vue?

Lai d'amour.

IX.

LAI D'AMOUR,

DE THIBAULT DE CHAMPAGNE.

AMOR. COVRAIGE
PATIENCE

Quand je vois la rose odorante
Sur les gazons de mon jardin,
Tendre sa tête carressante
Vers le myrthe ou vers le jasmin ;

Quand j'aperçois la pastourelle
Désarmant avec des yeux doux
Celui qui l'appeloit cruelle ;
Belle Reine, *Je pense à vous.*

Je me dit ; trop aimable Blanche,
Ah ! puissé-je être l'arbrisseau
Dont l'églantine qui se penche
Effleure le pliant rameau !
Puissé-je être, dans le village,
Le pâtre, ce futur époux
Qu'un mot console sous l'ombrage !
Mais, dans ces vœux, *Je pense à vous.*

Dès que Rapsodes ou Trouvères
Viennent, le vieux citole en main,
Chanter au castel de mes pères,
Rondeaux à l'amoureux refrain ;
Du bien-aimé de la romance,
Toujours mon cœur devient jaloux ;
Et quand il s'ouvre à l'espérance,
Alors, c'est que *Je pense à vous.*

Souvent, avec varlets ou pages,
Tristement, je passe le soir,
N'ayant pour gracieuses images
Que les vitraux de mon manoir ;
Et mon humeur atrabilaire
Change mes ennuis en courroux ;
Mais, si je cède à la colère,
C'est qu'à l'instant *Je pense à vous.*

Résurrection artiste.

X.

RÉSURRECTION ARTISTE.

VT. SOL

　Je visitais dernièrement la belle église de l'abbaye royale de Saint-Denis. — Vous le savez, le flot populaire est venu battre tumultueux et destructeur, contre cette merveille de notre art na-

tional, il l'a étreinte, il l'a tordue, il l'a déchirée, il a mugi et écumé sur ses sveltes colonnes ou sur ses lourds chapiteaux romans, il l'a faite nue, éraillée, pleine de fentes et de crevasses, comme la grève qui pend, morne et béante, sur l'océan.
— L'empereur, vous le savez encore, à peine assis sur son trône glorieux, avait donné des millions pour qu'on bouchât les trous de ce grand suaire de granit étendu sur les tombes violées des rois de France, et un architecte de cette école froide et positive qui avait David pour peintre, se mit à remailler, à sa manière, le noble édifice.
— Les Bourbons *restaurés* voulurent *restaurer* Saint-Denis, et Louis XVIII y envoya ses maçons, pendant qu'une chambre docile votait des crédits. — Le gouvernement qui nous régit aujourd'hui a dépensé, en échafaudages, seulement, pour Saint-Denis, 50 mille francs; trois cents ouvriers sont occupés là depuis trois ans, trois cent mille francs ont été payés, par la liste civile, et presque tout est à faire dans la majestueuse chapelle mortuaire des fils de Hugues Capet. — Et cependant, cette église, elle fut bâtie au grand

complet par de malheureuses et pauvres confréries d'artistes ; sur ses portails, sur ses galeries, des milliers de statues se dressaient, naïves et belles d'expression; d'admirables peintures étaient à la place de ses verrières délabrées, des tombeaux de cuivre, des saints de marbre, des stalles et des dais ciselés, brodés, s'adossaient contre ces murailles livides et déchiquetées !........

— Et pendant que l'église de Saint-Denis montait au ciel, tout autour d'elle, à Paris, à Senlis, à Saint-Quentin, à Soissons, à Laon, à Beauvais, des myriades d'immenses monuments tout aussi compliqués, tout aussi vastes, naissaient, grandissaient et montraient aux peuples soumis leur tête resplendissante d'éternité. — C'est qu'il y avait, au moyen-âge, bien des secrets que nous avons perdus, et que tout était ressources et moyens pour les pensées unies de la religion et de l'art. — Je défierais à toute l'Europe d'élever, actuellement, une seule cathédrale d'Amiens. — Nos coffres nationaux s'épuiseront, et je doute que l'église de Saint-Denis revive jamais.

Quoiqu'advienne, je visitais les travaux de Saint-Denis, accompagné de M. Debret, membre de l'Institut, architecte de la royale basilique. — Si je blâmais *in petto*, les restaurations souvent malheureuses de cet artiste trop fidèle aux idées convenues de l'école matérialiste, et à ce classicisme de l'empire qui, appliqué à l'architecture du moyen-âge, ne produit que de barbares anomalies, si je grondais, si je gémissais au fond de moi-même, j'étais prodigue d'éloges pour tout ce qui me paraissait un progrès véritable, une pièce habilement soudée et rajustée dans la masse, un commentaire historique, convenablement mis en harmonie avec la pensée générale du vaisseau. — Là se trouvait aussi un statuaire épris, lui, d'une large et fécondante doctrine. — Et nous regardions Saint-Denis, nous comptions les piliers-butants rangés autour de son chevet ou échelonnés sur ses flancs, nous comptions les meneaux des grandes fenêtres et des roses, les arcatures et les clochetons, nous admirions ce système lanterne si analogue à celui de la cathédrale de Troyes, employé dans toute la basilique, par les maîtres-de-l'œuvre qui l'édifièrent.

— « Ah! m'écriai-je, fasse le ciel qu'une nouvelle république ne traverse plus cet auguste débris! »

Oh! oui qu'ils nous restent donc, nos grands types de l'architecture indigène, les Notre-Dame d'Amiens, de Rheims, de Rouen, de Chartres et de Paris; ceux-ci, tels que la révolution moins cruelle qu'à Saint-Denis, nous les a faits, ils sont encore réparables; ils n'ont pas soutenu un siége réglé; il n'y a pas eu, pour eux, de sac véritable aussi horrible que le sac de Dinant en 1466. Vandalisés dans le 18e siècle par les chanoines et le mauvais goût artistique du *Parc-aux-Cerfs*, mutilés, écornés par les jacobins de 1793, ils n'ont pas du moins, été comme Saint-Denis, éventrés et réduits en squelette disloqué; on leur a laissé des entrailles. — Quelques-uns meurtris, font, il est vrai, triste et déplorable figure, et nous montrent leurs plaies saignantes encore. —

Il y a trois moyens efficaces, puissants, de rendre à nos églises une partie de leur ancienne splendeur. D'abord, les verres de couleur, à défaut de tableaux transparents, devront être adaptés à toutes les fenêtres et rosaces munies de verrières incolores. Puis, en l'absence de la sculpture nationale que nous sommes trop étiques et trop pauvres pour encourager en grand, ne peut-on pas tirer un immense parti de la fonte de fer? — Il est temps, il est temps qu'avec de bons et purs modèles calqués sur les débris authentiques et les documents matériels certains, on multiplie à l'infini les ressources et les jouissances d'art. — La fonte de fer peut suppléer heureusement le bronze des Grecs et des Romains, dans la décoration monumentale et dans l'ornementation extérieure de nos maisons, et les produits d'une fonderie de fer peuvent être livrés à des prix accessibles à tous.

Que le gouvernement, au lieu de soutenir sa ruineuse et inutile manufacture de Sèvres, établisse une fonderie-modèle où l'on coulera tous les types de saints, de saintes, d'évangélistes, d'apôtres, tous les bas-reliefs d'*Assomption*, de *Jugement dernier*, d'*Ascension*, applicables à la restauration de tous nos monuments religieux. Alors on rendrait à nos temples catholiques, leurs merveilleuses significations, et sans grande dépense, les villes pourraient effacer au front de leurs églises, la souillure révolutionnaire. — La fonte de fer vaut mieux que le marbre, puisque, couverte de trois couches de peinture, elle ne craint à peu près rien du temps. — Et puis, l'état livrerait des pendules populaires, d'un métal vil, mais durable, et ces pendules coulées dans un moule correct, moyen-âge ou classique, populariseraient le goût et la connaissance de l'art.

Troisième moyen de repeupler nos églises, c'est d'y élever le long des bas-côtés et dans les chapelles latérales qui symbolisent les stations de la vie, des cénotaphes ou tombeaux vides. Que si la salubrité publique exige le dépôt des morts dans les cimetières, l'art demande instamment que des monuments funéraires proportionnés à la fortune des familles, reparaissent dans nos temples.

Alors, la résurrection de l'art religieux monumental est possible.

Prose et poésie.

X.

PROSE ET POÉSIE.

PENETRABIT

Seigneur, lui rendrez-vous l'extase et la prière,
      Pour que sa harpe ou ses pipeaux
Chantent encor l'amour, les parfums, la chaumière,
De la fille des champs la timide paupière,
      Et le murmure des ruisseaux?

Comme un aigle royal qui battroit de ses aîles
Les bruyères, au pied des cîmes éternelles,
  Et pour témoins de son réveil,
  Prendroit la mousse des vallées
  Ou les forêts échevelées,
  Quand il peut monter au soleil ;

Tel qu'un sicambre né pour les champs de Bellone
Qui jetteroit, au jour que le clairon résonne,
  La francisque et le bouclier,
  Et dormiroit sur la poussière
  Ou le grabat de sa chaumière,
  Quand son front se doit au cimier ;

Ainsi, le souverain qu'on appelle poëte,
Déchirant la couronne attachée à sa tête,
  Semble rougir de sa grandeur,
  Et trop souvent il répudie
  Les bruits de sainte mélodie
  Murmurant au fond de son cœur.

La brise caressante, en passant sur sa lyre,
Effleure en vain la corde au sublime délire,

Il n'y peut plus mettre ses doigts.
— Hélas ! sont-elles donc fanées,
Les fleurs des natives années
Dont tous les jours avoient des voix ?

Sur l'Océan céleste, a-t-il donc fait naufrage,
S'il vient, tel qu'un marchand, jeter l'ancre au rivage ?
Veut-il, pour toujours abdiquer ?......
— Ange déchu, puissance vaine,
Auroit-il, enfin dans l'arène,
Senti la terre lui manquer ?

Non — Mais le sistre d'or et la harpe lui pèsent.
Il veut que tout pâlisse et que les vents s'appaisent,
Car il est fatigué des cieux,
Et leur étincelante flamme,
Sans reflets au fond de son âme,
Ne passe plus même à ses yeux.

Par les routes du monde, où donc vas-tu, poëte,
Entre tous ces humains, où portes-tu ta tête ?
— Est-ce où court la vague des mers,
Ou la feuille du sycomore
Que, sous un soleil incolore,
Sèche l'haleine des hivers ?

Dis-moi, dis-moi, quel est ton flot dans l'onde immense
Où ta nef démâtée ondoye et se balance,
      Parmi ces passagers sans nom
      Qui n'attendent pas une vie
      D'amour, de paix et d'harmonie,
      Et les feux d'un autre horison ?

Je vois l'oiseau qui monte à de sublimes zônes,
Les nuages d'argent et les rois sur leurs trônes ;
      Mais le chantre silencieux
      Qui se confond avec la foule,
      Avec elle passe et s'écoule,
      Sans que l'aient distingué mes yeux.

Ah ! qu'il les maudira, tous ces jours sans lumière :
Qu'il verra, comme un sot, dans la commune ornière ;
      Aussitôt qu'un regard divin
      Le rappelant à sa tendresse,
      Tel qu'un phare, dans la détresse,
      Va flamboyer sur son chemin ?

Croyez-vous qu'il soit mort pour les vers et la gloire,
Qu'une urne sans nom doive enfermer son histoire,

Parceque durant deux saisons,
Ayant oublié son royaume,
Ainsi qu'un aiglon sous le chaume,
Il s'endormit sur les gazons ?

Non — parmi vous, mortels, il n'a pas pris racine,
Et bientôt dévoré d'une fièvre intestine,
Cédant enfin à ses transports,
Dès qu'il verra trembler sa lyre
Sous les baisers d'un frais zéphyre,
Il retrouvera ses accords.

Rendez-lui, rendez-lui, l'extase et la prière,
Pour que sa harpe ou ses pipeaux
Chantent encor l'amour, les parfums, la chaumière,
De la fille des champs la timide paupière
Et le murmure des ruisseaux.

Hautes Études.

XI.

HAUTES ÉTUDES.

IN. COELIS
AEVVM

Quand Bossuet parut dans la chaire apostolique, il y trouva encore cette érudition du seizième siècle, richesse sans distribution et sans choix, qui avait donné des théologiens ampoulés à l'église gallicane, mais pas un orateur; parce que dans les âges qui préparent les beaux jours de l'expression, on manie l'or brut de l'art, sans en deviner le poli et le véritable usage.

Ce fut grand étonnement de par la cour et la ville (comme l'on disait jadis), quand on entendit un prédicateur qui développait les mystères de la foi, sans recourir à Sénèque et à Quintilien, et tel fut l'ascendant de la nouvelle éloquence, qu'elle devint populaire avec des formes que le vulgaire ne saurait embrasser, et en s'interdisant ces lieux communs ambitieux, ces comparaisons singulières qui séduisent la classe la plus nombreuse de la société, c'est-à-dire les sots et les ignorants.

Le plus incontestable triomphe du génie, c'est de commander à son époque, en brusquant tous ses goûts, en contrariant toutes ses habitudes, ce fut celui de Bossuet. Sans doute, dans la foule de ses sermons que l'impatience publique lui arrachait à demi préparés, le prince des orateurs n'est pas toujours égal à lui-même; mais ses imperfections ne ressemblent pas au *sommeil* d'Homère. Celui-ci, après de prodigieuses conceptions, paraît comme affaissé sous le poids de sa verve; celui-là est toujours sublime dans son essor, et ce que nous appelons ses *inégalités* ne sont autre chose que des idées dont il ne lui a pas été permis d'achever le développement. L'un semble parfois avoir épuisé son imagination, il devient trivial, parce qu'il n'est plus en lui d'être poète; l'autre, dans la promptitude de son travail, jette d'abord quelques traits hardis et fiers qui doivent rallier tout son discours, et lors même qu'il s'élève moins haut, on croirait qu'il veut indiquer les pensées qu'il se contente d'effleurer. — Vous rhéteurs inflexibles qui avez osé appliquer aux sermons de Bossuet, le nom de médiocrité, vous qu'offense son style abrupt, rude, austère, vous n'en avez jamais compris l'ame. Retournez à l'école de ce grand maître, relisez ces sermons que vous avez si imprudemment jugés, méditez long-temps ces admirables panégyriques de Saint-Paul et de Saint-Joseph, et cette *conversion des Gentils* qui fit une si vive impression sur le grand cœur de Turenne (*a*); cette étude vous sera plus profitable que de risquer des jugements hasardeux et irréfléchis.

Si les sermons de Bossuet, qui, pour la plupart improvisés, n'étaient pas destinés à l'impression, nous paraissent cependant moins étonnants que ses oraisons funèbres, ne pourrait-on pas préjuger aussi qu'il se trouvait circonscrit dans les bornes imposées à ce genre d'éloquence? — En effet, renfermée dans la contemplation des vérités religieuses, dans l'examen des mystères de la foi, l'éloquence de la chaire rappelle à l'homme son pacte avec le ciel, l'observance rigoureuse de ses devoirs, et compare les biens passagers du monde aux trésors de l'éternité, juge suprême de nos actions, dispensatrice immuable de nos destinées finales. Tel est le ministère saint de la parole évangélique, que s'adressant à toutes les classes de fidèles, il doit porter

(*a*) Ce sermon détermina la conversion de Turenne au catholicisme.

l'espérance et la paix, persuader par l'onction, protéger les hommes faibles et timorés, par la tolérance et la charité, offrir un baume réparateur pour toutes les plaies de l'ame, désespérer le vice par l'image des récompenses promises à la seule vertu, assister à tous les combats de l'ambition, de l'orgueil, de la vanité, qui se mêlent à la vie sociale, et ramener tout l'homme à des affections de justice et d'humilité.

Voilà le caractère propre au sermon, apostolat de zèle et d'indulgence qui s'insinue sans efforts dans les parties les plus sensibles du cœur, et y dépose le germe des bonnes œuvres, le besoin infini des élans pieux, éloquence douce, conciliatrice, qui resserre le lien des familles et ramène dans leur sein l'harmonie tutélaire des mœurs patriarcales. Ici, toute l'expression du discours consistera dans une progression animée de vérités et de sentiments, dans une abondance inépuisable de persuasion. L'orateur se montrera sobre de ces rapprochements du trône et de la tombe, de ces examens sévères des crises des vicissitudes, des passions du pouvoir que la multitude ne comprend pas. Plein de cette tristesse évangélique qui, selon Labruyère, est l'ame de l'éloquence chrétienne, s'il humilie la grandeur humaine, il choisira ses exemples parmi les hommes voués au culte de la fortune, parce que la richesse est presque la seule supériorité qui frappe les masses.

Le père Bourdaloue qui monta dans la chaire aussitôt que Bossuet l'eut laissée veuve de son ministère, parut surpasser son maître dans la spécialité du sermon. Sa voix eut du nerf et de la vigueur, elle fut vive, pathétique, entraînante; mais elle manqua de ces éclats soudains qui rendaient les accents de Bossuet si terribles et si dominateurs. Bourdaloue se tient toujours à une grande élévation; son style est moins latin que celui de l'évêque de Meaux, et il ne perd pas en force ce qu'il gagne en régularité, cependant il ne plane jamais assez haut pour laisser apercevoir ses chutes, et s'il n'a pas les brusques imperfections du génie, il n'en a pas non plus les brusques sublimités.

Massillon qui, à son tour, succéda au père Bourdaloue, est le plus achevé modèle de l'éloquence tempérée. — Avec quel heureux enchaînement il distribue ses moyens de persuasion; quelle élégante simplicité, quelle musique de mots! Mais on sent que ses harmonieuses beautés viennent encore moins de la pensée que de l'art, et que la tête du prêtre a joué un plus grand rôle que ses entrailles. L'évêque de Clermont a toute la facilité de l'esprit, il est à Bourdaloue ce que celui-ci est à Bossuet.

Ces parallèles peut être trop longs, nous ont paru nécessaires pour faire ressortir davantage le mérite particulier des sermons de Bossuet. Leur inégalité relative résulte de l'absence de développement dans quelques parties du discours, et de l'impatience des idées de l'orateur.

Les successeurs de ce grand homme connurent un remède, ils perfectionnèrent l'élocution sacrée qu'il avait créée, sans atteindre à sa solemnelle individualité, à son prodigieux génie. Ainsi les sermons de Bossuet, comme œuvres du genre, laissent à désirer plus d'union, plus de régularité, plus de douceur; de là vient que ses mouvements sublimes, on les prendrait pour des accidents. — Comme œuvres d'éloquence, ils attestent à chaque instant la touche du peintre de Cromwell. D'ailleurs il est encore permis d'expliquer cette infériorité des sermons, qui n'est que comparative, par le caractère de leur auteur. On sait que sa mission, à lui, ressembla bien plus aux actes d'un conquérant de la foi qu'au proselytisme d'un apôtre. — L'oraison funèbre a d'autres exigences que le sermon.

Fille aînée de l'éloquence religieuse, l'oraison funèbre vit d'enthousiasme et de contrastes. Sa place, c'est entre le ciel et la terre.. — Ici, elle touche à la lyre des séraphins, au trône de l'éternel; là, elle repose sur les sceptres de la terre. Le cœur humain lui appartient, les plus importantes leçons de la vie et de la mort sont de son domaine, tout ce qui n'est pas sublime lui demeure étranger. — Parmi les révolutions, elle n'apercevra que celles qui ont changé l'univers; parmi les hommes, elle ne comptera que ceux qui ont porté des diadêmes ou ces nobles couronnes décernées par la patrie aux grandes vertus publiques.

Ici le prêtre est poëte et lévite; il verse des pleurs, il tire de tendres et mélodieux accords de la harpe de Salomon; il brûle la myrrhe et le cinnamomome; il prophétise comme Ézéchiel; il passe, avec la rapidité de l'éclair, de la cour céleste aux profondeurs de l'abime; vous le voyez tour à tour dans le camp des Philistins, des Amalicites, au milieu des fils d'Éphraïm et de Nephtali, sur les sommets du Cédron et de Nébo, sur le rocher du désert, sous les palmiers de la Thébaïde, dans le cabinet des potentats, dans le lycée des moralistes. — Il parcourt les chartes de l'historien, il balance le glaive de justice, il ouvre l'arche de salut; vous le voyez encore errant près des rives du Jourdain, et il se retrouve tout-à-coup assis sur faisceaux de la victoire, ou perçant, de ses lamentations, le marbre d'un tombeau.

Les livres saints, antiques archives de tous les genres de poésie et d'éloquence, ont consacré aussi les premières inspirations de l'éloge funèbre. C'est David qui paye un dernier tribut aux mânes de Saül et de Jonathas, tués par les Philistins sous les murs de Bethsam. L'éloquence du panégyrique fut connue des peuples de la Grèce. On rendait à la mémoire des héros morts à Salamine et à Platée, un hommage collectif qui n'était guère qu'une harangue pleine d'ostentation et de faste républicains. — Tout était terrestre dans ces éloges prononcés par un orateur sur le champ de bataille..... Les yeux fixés sur la dépouille ensanglantée des valeureux guerriers, il n'avait pas un regard pour cet avenir céleste qui s'ouvre au chrétien avec les portes du sépulcre.

Les pères de l'église grecque et de l'église latine, mêlèrent à de nobles regrets donnés à la puissance, à la vertu, à l'amitié, le sentiment profondément religieux que la révélation avait mis dans les cœurs. Mais il était réservé à Bossuet d'élever tout-à-coup ce genre d'éloquence apostolique à son apogée de perfection et de majesté.

Homère, en exprimant son génie dans le récit des évènements de la Grèce héroïque, avait créé le *poëme épique* ; Bossuet appliqua à l'éloge funèbre les vastes proportions de son ame, et *l'épopée évangélique* parut dans la chaire de vérité, immense et imposante conception, dont l'intérêt dramatique repose sur une vie pleine de gloire, mais tributaire, comme toutes les vies terrestres, des faiblesses propres à l'humanité, dont le merveilleux découle de l'intervention divine dans les destinées des mortels, qui puise ses épisodes dans ce qu'il y de plus grave sur la terre, et dont le dénouement se trouve en un dernier soupir sanctifié par l'humilité et la prière. — Voilà les paroles de la mort telles que Bossuet les a faites. Création de son génie, cette éloquence est restée sans imitateurs, comme elle avait été sans modèles. L'oraison funèbre (*a*) existait en germe, avant lui, comme la poésie épique existait avant le chantre de l'Hellénie; mais nul orateur chrétien n'avait péné-

---

(*a*) Le premier exemple d'une oraison funèbre prononcée en France, dans la chaire apostolique, est dans celle de Bertrand Duguesclin, en 1380.

tré si loin dans le secret des passions; nul n'avait eu une conviction si entraînante et si auguste; nul n'avait exhumé les morts, pour les montrer si présents à tous les yeux, tremblants au pied d'un tribunal plus terrible que cette poudre des siècles qu'on appelle postérité.

Quel spectacle, pour Bossuet, qu'un trône qui avait couvert l'Europe de ses débris! Quel, tableau, que celui d'une révolution faite par le fanatisme, au profit de l'arnachie! Il fallait remonter aux causes éloignées des plus violentes catastrophes qui eussent, jusqu'alors, épouvanté l'imagination des hommes. Tout avait été prémédité dans l'attentat de 1649 (a), et le signal donné aux nations, était d'autant plus dangereux pour leur avenir, qu'il n'était qu'un premier produit de cette science d'insurrection et de corruption qui va desséchant tout ce qu'il y a de croyances et de respects anciens dans le fond des cœurs, matérialisant tous les instincts d'amour, brisant tous les pouvoirs, tous les ressorts, toutes les hiérarchies, et rempla-

(a) Charles 1er. fut exécuté dans la rue qui borde le palais de Withall, le 50 janvier 1649.

çant les idées d'ordres par des principes négatifs. Bossuet ne se proposa rien moins que d'écraser les exemples sous le poids des leçons; il menaça les empires des mêmes calamités qui affligeaient l'Angleterre, s'ils leur donnaient les mêmes ouvertures. S'il frappa de réprobation les vertiges des peuples, il ne ménagea pas non plus les souverains qui ont mobilisé l'opinion publique en la faisant plier à leurs passions personnelles. Partout, dans l'oraison funèbre de la reine de la Grande-Bretagne, l'orateur rencontre le sublime de l'élocution dans le sublime de la pensée. — On dirait qu'il se crée une langue à part pour traduire ce que lui seul peut sentir et concevoir. — Quand il craint de manquer aux égards dûs à la royauté, il emprunte les paroles d'un roi, pour servir à l'instruction des rois. — Quelle éloquente explication des décrets de Dieu sur les gouvernants et les sujets, quelle hauteur de raison, quelle fierté dans les allégories, quelle effrayante vérité dans les caractères! — Cet homme qu'il peint à grands traits, sans en prononcer le nom, c'est Olivier Cromwel. Ces terres *trop remuées et devenus incapables de consistance*, c'est l'image des dogmes de mensonge et d'extravagance, c'est l'image des sociétés qui n'ayant plus ni base, ni lien, ni centre d'unité, tombent bientôt de toute part, et montrent à nu l'athéisme, horrible et dernier résultat du libertinage d'esprit.

O étonnante prophétie de ce qui s'est passé de nos jours! le génie de Bossuet ne s'est pas seulement replié sur lui-même et sur les évènements contemporains de sa mission, il a fait dans les siècles une trouée de géant.

Véra.

XII.

VÉRA.

TRYPTIQUE.

AM̄OR. AM̄OR. ET PVIS ENCORE. AM̄OR

Religion du passé, ton sanctuaire est dans nos cœurs, mais si une fleur de poésie, frêle et suave, venait à naître sur le présent, pourquoi nous serait-il défendu d'y toucher?

I.

Par un oubli bien involontaire, sans doute, de l'un des gardiens du monument, la grille et la porte latérale de Saint Christophe, à l'église cathédrale de Notre-Dame d'Amiens, demeuraient ouvertes.

— C'était dans une nuit de ce mois de juillet où la Picardie, elle aussi, voit son ciel habituellement si confus, devenir tout-à-coup radieux, et s'assoupit, grave et belle, dans la tiédeur et les parfums des atmosphères méridionales. —

— Alors, plus ne semblent indécises et vagues, à l'horison, les ruines pittoresques du château de Boves, posées comme deux squelettes du moyen-âge féodal, sur la dent de leur monticule. Alors, — en juillet, depuis le lever du soleil, jusqu'à son coucher dans la Manche, — plus ne sont vaporeuses, mélancoliques et fuyantes, toutes ces onduleuses collines qui mènent, soit à la chapelle à base romane, de Camon, à travers mille pépinières de grozeliers, soit au hameau touchant d'Allonville, si bien caché dans ses haies vives, dans sa bruissante forêt, dans ses ombreux pommiers, soit encore aux lieux historiques de Saint-Fuscien et de Sains ou chaque coup de bêche donné dans le terre, met à nu la relique d'un saint martyr. (*a*)

La Picardie, pays de fées et de légendes, vu un ciel si souvent triste, entretient la tristesse et partant la poésie dans les cœurs, où les ames s'élancent énergiques et sublimes de mystiques initiations, dans toutes les idées d'infini, parcequ'aucunes limites précises ne les absorbent dans le positif, la Picardie vivait, pour quelques jours, d'une vie extérieure et sensuelle. — N'était chose rare, en ces quelques jours d'inaccoutumées voluptés, de voir couchés à l'ombre des grands monuments noirs, sur le pavé d'Amiens, les fils du peuple qui se ressemblent partout, quand il faut jouir du présent. — Et la Belgique, cette Italie septentrionale (*b*) dont l'atmosphère est plus idéale encore que celle de Picardie, dont les

(*a*) Beaucoup de saints ont reçu, dans ces villages, la couronne du martyre.

(*b*) Sous les rapports d'arts, on peut appeler la Belgique, l'Italie du nord; il ne me serait pas difficile de prouver que cette appellation convient aussi jusqu'à un certain point à ses mœurs.

horizons sont plus ternes, les lointains moins arrêtés, moins définis et moins réels que ceux de l'ancien comté (c) de Ponthieu, sûrement qu'elle oubliait aussi, durant les chaleurs de la canicule, toute cette existence intime, tout ce spiritualisme pratique qui font les hommes du Nord si sympathiques aux prières de la harpe et aux mœurs hospitalières du foyer.

Quoiqu'il en soit, la nuit régnait, silencieuse et magnifique reine qui, avec ses myriades de soleils, montre souvent un si gros diamant dans son diadême. — Et la petite porte de l'immense cathédrale d'Amiens, point n'était close, et plusieurs habitants de la bonne cité, en rentrant tard chez eux, avaient pu, il faut bien le croire, s'apercevoir de la négligence du suisse.

Minuit venait de tinter dans le *clocher sourd* (tour méridionale), — Minuit, l'heure des mourants, des morts, des fantômes et des vampires. — La lune versait avec volupté sa délicieuse lumière

(*b*) Abbeville était la capitale de ce comté.

sur tous les *hortillons* de cette Neuville qui trempe ses pieds dans la somme, comme une pastourelle des champs, assise nonchalante et presque lascive, au bord de l'eau, sur tous ces jardins entrecoupés de canaux, sur toutes ces lagunes si amoureusement ridées à leur surface, qu'on eut dit que de jeunes et adorables filles s'amusaient à les effleurer de leur haleine, sur toute cette mosaïque agricole qui résume la Hollande en deux lieues carrées du sol picard. — La lune, elle était partout. Ici laissant trembler sa vapeur argentine sur le comble pyriforme du beffroi municipal, là, vêtant d'une robe de gaz la tour de Saint-Leu ou coiffant d'une aigrette mystique la vieille porte de MONSTRE (*a*) ECV, plus loin, jetant un demi-jour de poëte dans le boudoir de l'hôtel, plus loin encore vacillant sur un grabat de la rue des *Poirées*. (*b*) Pâles contours, écharpes fantastiques, teintes mourantes, reflets incertains, toutes

(*a*) C'est à cette porte qu'eut lieu le stratagème des noix, imaginé par les espagnols, en 1597. Cette porte engagée aujourd'hui dans la citadelle, est murée.

(*b*) Rue d'Amiens habitée par la classe ouvrière.

choses insaisissables et merveilleuses que donne la lune, tout cela se trouvait si bien, à cette heure, semé sur Amiens et ses alantours, qu'on aurait volontiers, pris la Picardie pour un rêve. — Ainsi, cette poétique province, grâce à la lune, redevenait dans les nuits caniculaires, ce qu'elle est en plein midi, pendant dix mois de l'année, terre de soupirs, d'espérances et de célestes harmonies, terre où le froid et sec présent s'atténue sans cesse, pour ressembler à l'avenir.

Cependant, tout était silence dans la ville, silence dans son auguste basilique. — Qu'elle parut sublime, l'église de Notre-Dame d'Amiens, avec la lune pour soleil! — Dormez, dormez votre sommeil sans fin, dormez en votre couche de cuivre, saints évêques d'Amiens, Evrard qui avez posé la première pierre de Notre-Dame, (c) et Gaudefroi qui avec continué les travaux de la œuvre, qui avez vu ROBERT DE LVZARCHES,

(c) 1220, c'est mon point de départ dans la classification, par familles, des monuments religieux de l'école française.—Sur les tombeaux de Gaudefroi et d'Evrard, sont des inscriptions en vers Léonins

qui avez devisé avec cet homme admirable, encore un coup dormez. — Il n'est bruit autour de vous qu'une brise légère qui murmure dans la frise découpée de trèfles du grand comble, ou glissant à travers les vitraux peints, fait panteler les anges courtois, danser les saints et grimacer les démons............ Dormez, plus n'est l'heure de la prière.

Avec cette lumière de lune qui pénétrait dans l'édifice par ses trop nombreuses verrières incolores, la cathédrale d'Amiens redevenait ce qu'elle fut en MDXX : elle redevenait moyen-âge jusqu'à la moëlle, elle redevenait poésie flagrante et large, infini, musique, histoire, amour, foi, prière, foyer domestique et cité traduits par le granit.— Oh! MDXX, MDXX, c'est l'époque où il fallait voir les basiliques élevées par la tiède piété de nos aïeux, avant que la réformation n'eut soufflé sur l'art, sur le vieux monde des châteaux, des maisons-de-ville et des cloîtres, avant que les révolutions aux doigts de fer n'eussent écharpé toute notre poétique de rhapsodies, de fabliaux, de monogrammes et de symboles.—En MDXX, déjà trois siècles avaient bronzé de leur patine les murs de refend d'une cathédrale de Philippe-Auguste et de Saint-Louis; puis les modifications successives de l'architecture nationale dans les XIVe et XVe siècles, les tons divers d'ornementation, avaient choisi leur zône dans l'édifice, compliqué une rose, fait de toute pièce une chapelle, taillé un jubé, enrichi d'élégants rinceaux, une arcature ou une frise, mis, entre deux petits anges naïfs, un écusson aigu, à la clef d'une voute; puis encore la renaissance y avait découpé un pendentif ou une stalle, ciselé une dentelle, évidé un dais, fouillé un contre-retable d'autel, poli les frontons brisés d'un tombeau ou les torsades d'une crédence. — La renaissance, en MDXX, ce n'était pas cette renaissance efféminée, boîteuse et tourmentée d'Henri III, cette renaissance flasque et molle, confuse surtout; mais la grande et belle renaissance avec ses motifs hardis, son galbe ferme, sa sculpture de tours de force; la renaissance pleine de verve, d'esprit, de finesse, tendant la main droite à ROBERT DE LVZARCHES et la main gauche à MICHEL-ANGE. Alors tous les âges s'échelonnaient dans nos églises où chaque période artistique avait sa langue et sa signification propre. — Oh! s'il m'était donc permis, du sein de ce XIXe siècle qui m'aveugle de sa poussière et m'enivre de ses utopies, de faire un voyage archéologique dans la France et les provinces belges de MDXX!

Notre-Dame d'Amiens, oui la lune lui rendait ses mystères d'autrefois, ses incroyables secrets d'autrefois, ses profondeurs d'autrefois; elle paraissait toute ineffable, toute rouge, toute jaune, toute bleue, toute violette, toute dorée. — C'étaient les trois grandes roses qui trésaillaient dans leurs meneaux, les évêques qui parlaient et palpitaient, c'étaient les colonnes fuselées et les gros piliers, les stalles désespérantes, les peintures diaphanes du chœur, c'était tout cela qui redevenait je ne sais quoi d'indicible qui n'a de nom que dans le ciel. — Comme les bas-reliefs du XVIe siècles représentant les principaux traits de la vie de Saint-Jean-Baptiste et de Saint-Firmin :

LE. DISIEME. DE. OCTOBRE. AMIENS
SAINCT. FREMIN. FIT. PREMIERE. ENTREE
DONT. FAVSTINIEN. ET. LES. SIENS
ONT. GRANDE. IOYE. DEMONSTREE

AV. PEVPLE. D'AMIENS. ANVCHA
LA. SAINCTE. LOY. EVVANGELIQVE
TANT. QVE. PLVSEVRS. D'EVLX. ADVELCHA
A. TENIR. LA. FOI. CATHOLIQVE

SAINCT. IHAN. PRESCHOIT. AV. DESERT
PAR. CONSTANCE
AFIN. QVE. ON. FICT. DE. PECHEZ.
PENITENCE

IHESVS. ENTRA. DANS. LE. FLOEVVE. DV.
IOVRDAIN

OV. BAPTESME. EVLT. SAINCT. IHAN. PO
CERTAIN

INTERROGE. SAINCT. IHAN. QVE. IL ESTOIT
QVI. ESTRE. VOIX. QVI PAR. DESERT. PRESCHOIT

SAINCT. IHAN. VOYANT. IHESVS. VERS. LVY
MARCHER. VECY. LE. AGNEAV. DE
MOI. (DIT. IL). TRES. CHER

Comme ces bas-reliefs avec leurs légendes ingénues, leurs têtes saillantes d'hommes, de femmes et d'enfants, leurs curieuses perspectives, leur coloris vif et mordant, semblaient encore les livres du peuple! Comme le petit pleureur de Blasset était blanc et désolé, sous le voile de la lune, combien livide et cadavéreux, le grand crucifix de Saint-Salve, avec ses pommettes creuses, sa longue tunique d'or, sa couronne d'épines, ses larmes de sang, image du VOLTO SANTO de Lucques! Comme les sept travées de la nef se dressaient, comme les colonnettes couraient, sveltes et effilées, à la maîtresse voute, dans la hardiesse de leur jet!

— En ce monde idéal de choses sublimes, il y avait pourtant un tout petit accessoire. — Quelque chose de fluet et de blanc qui se mouvait et finit par se fixer vers une chaise placée dans la chapelle de la Vierge, dite la petite paroisse. —

C'était une jeune et belle fille vêtue seulement d'une chemise de lin, avec un foulard blanc sur la tête.......... Au dossier de la chaise où la jeune fille s'était agenouillée et priait, les yeux fermés, on lisait ce nom :

VÉRA.

VÉRA...... VÉRA...... — Quoi! c'était elle, cette personne de vingt-un ans qu'on avait vu naguère arriver à Amiens, comme une de ces colombes

voyageuses qui portaient dans le moyen-âge, doux messages d'amour aux vidames, aux chatelaines et aux damoiseaux; elle qui, par des motifs que quelques-uns savaient, que le plus grand nombre ne devinaient pas, avait posé son nid dans le plus gracieux des appartements, à deux pas de la cathédrale; elle qu'on prenait presque pour un songe personnifié et pour une idéalité formulée, tant il y avait, à son front, de sylphes pour lui fermer les yeux, le soir, et d'anges pour les rouvrir, dès qu'un premier rubis d'aurore tombait sur son chevet, tant il y avait de séraphins dans ses chants, de baisers dans son regard, de duvet de cygne dans son sein, d'haleine de rose dans son souffle.
Véra — Véra qu'il fallait comparer à des mythes ou mieux à des filles du ciel pour la comprendre dans toutes ses intimités et ses harmonies spiritualistes; Véra dont tout l'extérieur n'était qu'un assemblage de ravissants symboles; Véra que tout Amiens connaissait, que tout Amiens avait vu se promener seule, les yeux chargés de larmes, suivie de sa petite chienne blanche, poussant de ces soupirs dont le murmure a quelque chose d'une

voix de lyre, seule vers la grande allée de la Magdeleine, ou vêtue en amazone, galopper sur un coursier blond, à travers les avenus de la Hautoye. — soit que modeste et craintive, elle arrosât les fleurs de sa fenêtre, en se cachant dans leur rézeau, dès qu'un regard indiscret la surprenait, soit qu'agaçante et résolue, elle comptât sans rougir, les admirateurs qui la suivaient, soit qu'abîmée dans sa piété, dans ses immenses tendresses catholiques, elle accompagnât d'un chuchottement sublime, le prêtre chantant à l'autel, cette préface de la messe qu'on ne peut entendre sans se diviniser, soit encore que recueillie dans un amour infini, trois fois chaste, trois fois neuve, trois fois pure en tout son être, elle chantât, vers le sanctuaire de Marie, une ode élégiaque pour prière; tout Amiens, je le répète, oui tout Amiens l'avait vue.

O Notre-Dame d'Amiens, grand et noble monument, œuvre-mère de *Robert*, type de l'art national, toi qui plus correcte, mais moins homogène et moins unitaire qu'elle, n'a que Notre-

Dame de Rheims pour sœur, ô ma chère cathédrale, si tu as perdu tes dyptiques, ton trésor, tes grilles de châtaignier, ta danse des morts, console-toi pour un moment, car quelque-chose de bien suave est dans toi, une jeune fille qui prie, les yeux fermés, devant l'autel de la Sainte Vierge, à minuit, au clair de la lune.

II.

A ceux qui ne connaissent pas le charmant village de Cagny situé entre Boves et Amiens, sur le chemin de traverse qui tend de l'un à l'autre, je dirai que rien n'est poétique, ombreux et frais comme ce pays. Soit que, sur le revers du côteau qui regarde Noyon, vous observiez les deux pans de muraille si déchiquetés et si fiers, seuls restes du puissant castel de Boves, soit que vous vous engagiez dans les allées odorantes du bois, soit que vous vous preniez à examiner tout le cours accidenté de la Somme, vierge délicieuse qui a besoin d'arbres pour jouer et de cailloux pour gémir, à détailler tout le paysage de pommiers, de haies-vives, de chemins creux ou de pentes émaillées, avec le clocher trapu de Camon, les vergers de Longuant, et les collines fuyant vers Corbie pour arrière-plans, des tableaux enchanteurs vous attendent, — Oui, ils sont encore antiques, les villages de Picardie, avec leurs longues granges de terre glaize formant clôture et fermant une cour spacieuse au fond de la quelle est la maison rustique enduite d'un badigeon blanc et noyée dans les arbres touffus, avec verger par derrière. Et l'intérieur de ces maisons agrestes avec la vaisselle de faïence à ramages ou d'étain sur le dressoir, les crucifix, les madones, les petits saints de bois vermoulu, les bénitiers de cuivre ou de terre, la lampe de forme quasi romaine, pendue au soliveau, les estampes populaires de *Pellerin, à Epinal* hélas! détrônées par la lithographie et les illustrations gravées sur bois, le rideau de coutil à carreaux blancs et rouges placé devant la table de la haute cheminé, croyez-vous que tout cela n'exhale pas une odeur de XVe siècle? — Ah! fils de ma chaude et riche Bourgogne, mais pélerin fidèle du sol Picard où j'ai passé un temps d'adolescence et d'illusions, je l'ai bien étudiée cette vieille province de Picardie, depuis les plaînes marneuses et pâles de Bréteuil, jusqu'à la montagne rapide qui domine Doullens, depuis le beffroi de Péronne-la-Pucelle, jusqu'à l'église abbatiale de Saint-Riquier et aux dunes de Saint Valery, donc on peut s'en fier à mes réminiscences.

Cependant, à deux pas de la chapelle de Cagny, au château, dans une de ces tours circulaires qui lui servent d'aîles, une fenêtre n'était point fermée, et un beau jeune homme regardait la lune, écoutait le silence de la nuit interrompu seulement par le baîlement rare de quelques brebis et le bruit sourd des bœufs qui ruminaient. — Il était deux heures après minuit. — La même fille qui, la veille, priait dans la *petite paroisse* de la cathédrale d'Amiens, sur une chaise portant le nom de VERA, vint rôder autour de cette fenêtre. — Elle était habillée comme je vous ai dit, et paraissait plus que jamais un songe qui aurait risqué de prendre une forme sensible. — Le beau jeune homme s'empressa de clôre la fenêtre. — Et pourquoi donc?............ craignait-il, le beau jeune homme que cette réalité fût une ombre, craignait-il qu'un fantôme de femme vint déposer une urne sur son front et le vêtir d'un linceul? — Oh! il avait donc bien peur! il frissonnait donc, il n'aimait donc pas ce commerce nocturne avec les ames, qui complète une rêverie de clair de lune, volatilise l'homme et le fait traiter d'esprit à esprit avec elles! — Lui qui, tout-à-l'heure regardait immobile et ravi, toute cette campagne pleine de mystères et peuplée de solitude, lui qui nageait sur un lac dont chaque vague était une mélancolie et un soupir, que repoussait-il brutal ou timoré, celle qui venait, soudain, résumer toute la poésie d'une belle nuit, et peut-être lui dire à l'oreille un secret qu'on n'apprend que sous la tombe?

— En vain Véra soupira-t-elle, en vain murmura-t-elle de tendres reproches; les contrevents crièrent sur leurs gonds, et plus rien ne fut autour d'elle qu'un cimetière, un château penché sur les tombeaux, une église muette, une grande croix rogatoire de bois peint en vert......

III.

Et le lendemain, à la même heure de la nuit, au clair de la même lune, dans le même silence, dans le même lieu, vers la même fenêtre, la même fille reparut. — Cette fois, une mentille ornée de dentelles couvrait sa chemise de lin, et un foulard rouge était noué autour de sa tête. — La fenêtre était encore ouverte; mais le beau jeune homme n'y regardait pas la lune.

Une échelle était, par hasard, demeurée appuyée contre un des murs du château. — Véra s'en servit pour s'introduire dans la chambre du beau jeune homme.

— Elle entre, son pied glisse, un meuble roule avec fracas.

— Le beau jeune homme qui dormait profondément est éveillé en sursaut :

— « Esprit infernal, ne trouble pas ma demeure, laisse-moi dans mon repos. — Oh! que ton suaire est pâle et froid!

— Mais un voile sanglant entoure sa tête!........

— Fuis, fuis au plutôt, spectre, fuis ou je t'immole. »

Le chatelain saisit un pistolet qui pendait vers sa couche, et s'apprêtait à coucher en joue la jeune fille, lorsque celle-ci, plus habile, lui plonge dans le sein, un poignard qu'il avait oublié sur sa table de nuit.

Alors, un cri d'agonie retentit dans les longs corridors du château. — A ce cri perçant, un valet-de-chambre bleu de stupeur et d'effroi, entre, une bougie à la main............

Mais VÉRA s'était éveillée aussi; car elle dormait, la belle VÉRA. — Annéantie d'horreur, de surprise, elle tomba morte sur le pavé.

. . . .

VÉRA, c'était cette célèbre polonaise qui fut, pendant deux ans, à Saint-Pétesbourg, la maîtresse du Prince Wladimir Minski avec qui elle dansait toujours la quatrième *mazourka*, quelle aima à la folie, et dont elle perdit, sans retour, la tendresse, pour avoir accepté une *glissade* avec un noble et magnifique étranger.

Véra était venue en France pour s'y noyer dans ses larmes et y oublier à la fois Minsky et les désastres de sa patrie. — Car toute éprise qu'elle fût d'un cœur russe, elle n'avait jamais cessé d'être polonaise de patriotisme. — Mais, en arrivant à Amiens, la sublime cathédrale de cette cité lui avait paru assez large pour contenir ses douleurs, et elle avait résolu de vivre à son ombre.

— Et toute pieuse, toute désolée qu'elle était, *Véra* ne pouvait presser aucune signification morale, sans y trouver l'amour. — Soit qu'elle priât humble et accroupie, soit qu'elle versât des pleurs abondants et amères, soit que montée sur son cheval blond, elle parcourut les boulevards d'Amiens, soit que, par un regard chaste, virginal et réservé, elle attristât les courtisans qui semaient des feuilles bien vertes sous ses pas, soit qu'elle les mît en haleine par sa démarche décidée et presque aventureuse, Véra aimait, toujours, toujours, toujours elle aimait. — Mais elle avait répondu par un caressant sourire aux paroles élégantes du chatelain de Cagny; mais elle avait écrit sur son album les vers du chatelain de Cagny; mais un soir, en sortant d'un concert, au *Petit Jardinier*, elle avait long-temps suivi des yeux le tilbury du beau jeune homme qui fuyait du côté de Saint-Acheul.

Singulière chose que le somnanbulisme! Quel inoui combat eut donc lieu en cet être endormi, quelle idéale dualité se le partagea, comment le sylphe qui l'avait amenée, la belle Véra vers le chevet d'un ami qu'elle ne possédait encore qu'en théorie, fut-il terrassé par le démon qui mit un poignard dans des mains accoutumées à effeuiller les églantines du bosquet?...........

Maintenant, si VÉRA eut survécu, législation, dis-moi, aurais-tu traduit devant les cours d'assises, la jeune somnambule qui avait commis un crime, les yeux fermés, en murmurant je ne sais quelles paroles qui sont la traduction des rêves?

Quand vous verrez à Cagny, dans le cimetière, à côté du château flanqué de tourelles, une petite tombe de marbre blanc n'ayant qu'une croix grecque pour nom, recueillez-vous un instant sur cette tombe, car c'est VÉRA qui repose là, dans la paix du Seigneur. IN. PACE. DN̄I

Religion du passé, ton sanctuaire est dans nos cœurs; mais si une fleur de poësie, frêle et suave, venait à naître sur le présent, pourquoi nous serait-il défendu d'y toucher?

Pour la Bourgogne.

XIII.

POUR LA BOURGOGNE.

AV † NOM † DE † DIEV
ET † DE † SAINCT † SIPHORIEN
AMEN

I.

NUITS.

Hâtons nous, hâtons-nous de confier à la lyre et de perpétuer par des chants, ces mythes populaires que le siècle emporte avec les monuments de nos aïeux : heureux étaient nos pères, de leurs affections et de leurs croyances. — Car, pour être heureux ici-bas, à quelque chose il faut croire. — Nous, plus pauvres en naïves félicités, venons au moins caresser des souvenirs qui gagnent en poésie tout ce qu'ils perdent en proximité. Moins positives que jamais, plus mystiques et plus vagues, ah! combien les traditions du passé sont douces aux harpes contemporaines!

Nuits, NVCIVM à NVCIBVS (*a*) ne fut d'abord qu'un gros village dépendant des domaines de la puissante maison de Vergy. Alix de Vergy d'amoureuse et tendre mémoire, l'apporta en dot au duc Eudes III qui, en 1212, lui accorda des privilèges et des franchises signés de son chancelier, de son sénéchal et de son connétable. Dès l'année 1385,

---

(*a*) Il y avait jadis aux alentours de Nuits une quantité prodigieuse de noyers. Presque tous ont péri en 1709 : une partie de ceux qui avaient survécu ont été sacrifiés à l'industrialisme actuel.

Nuits est appelée : *Bonne ville fermée, ayant forteresse, foires, marchés, etc.*

Le *Bourg des Noyers* érigé en commune n'occupait pas la place du Nuits moderne ; il se cachait en partie dans le vallon et se groupait autour de deux églises dont l'une (Saint-Symphorien) subsiste encore et dont l'autre (celle de Saint-Julien) a été détruite de fond en comble par ces Reîtres que Jean-Casimir, duc de Deux-Ponts amenait pour auxiliaires aux huguenots. (*a*) Le vieux et

(*a*) Jean Casimir mit le siège devant Nuits qu'il battit cinq jours en brêche et somma trois fois de se rendre. Les habitants capitulèrent le 24 janvier 1576 ; mais malgré les articles de la convention, Casimir livra la place au pillage, laissa mettre le feu *aux quatre coins* et massacra plus de 150 personnes parmi lesquelles j'ai l'honneur de compter un ascendant maternel dans le citoyen Robert. — Ces malheureux s'étaient réfugiés tant dans la chapelle des *Croisés* (aujourd'hui détruite) que dans un four banal nommé le *Grand-Four* qui n'existe plus depuis fort peu de temps. Là, ils furent massacrés par la soldatesque furieuse. Après cette atroce boucherie on retira les cadavres à l'aide de bigots.

Depuis lors on célébra tous les ans dans la chapelle des *Croisés* une messe de *requiem*. Cet usage s'est maintenu jusqu'en 1789. M. l'abbé Gareaux, mort Curé de Nuits, a célébré la dernière de ces messes.

primitif noyau de Nuits n'est plus aujourd'hui qu'un faubourg nommé *Nuits-Amont* où le patois de Bourgogne et les anciens respects narguent le beau français et la sèche philosophie de la ville, tandis que le château proprement dit est devenu la cité. Le besoin de protection et de salut força les habitants de *Nuits-Amont* à se réfugier dans le château, et voilà comment la ville actuelle est venue se condenser autour d'une maison-de-ville, d'un palais et d'une chapelle castrale. Mais les guerres incessantes du moyen-âge prirent fin, la population citadine fut trop nombreuse pour son enceinte, et *Nuits-Aval*, c'est-à-dire le faubourg de Quincey se forma; puis les trois Nuits se relièrent en un tout par des dépendances et de successives agglomérations. — Les idées d'association ne sont pas aussi nouvelles qu'on le croit, et le système sociétaire pourrait

On nommait cette messe, la *Messe des Bigotés*

Un ancêtre des Moissenets ayant insulté le prince Casimir, en lui criant : *Casse-mie, casse-croûte, casse-neuzille* ; (noizettes), etc, fut dit-on la cause de la violation, de la capitulation ; Casimir revint furieux, et mit Nuits au pillage.

trouver dans l'union des différents éléments Nuitons, un précèdent en sa faveur.

Nuits, telle que nous la connaissons maintenant est, sans contredit, le Paris des villes de trois milles et quelques cents ames (*a*), la cité bouguignone qui résume le mieux non pas cette Bourgogne rachitique et pâle de l'Auxerrois, non pas cette Bourgogne équivoque de Chatillon-sur-Seine, non cette Bourgogne épuisée des Marches, qui vient s'applatir dans la Champagne, mais la noble et grande Bourgogne du cœur de la province, s'appuyant à l'Ouest sur son côteau et regardant le Mont-Blanc au fond de sa plaîne, ayant pour s'abriter des vents, cet admirable rideau qui cache le premier vin de la terre dans ses plis, et à quelques pas de là sa courtoise et murmurante Saône, pour se laver les pieds. A Nuits, plus qu'en aucun lieu de notre province, peut-être, vous trouverez l'allure Bouguignonne bien caractérisée, franche, indépendante, railleuse, n'ayant ni la gaucherie,

(*a*)La population des ville et attenances de Nuits est d'aprés la recensement fait en 1831, de 3,120 ames.

parfois méchante et la vulgarité rarement naïve de certaine ville ni la frivolité fanfaronne de certaine autre; ni la sauvagerie maussade de certaine autre encore; mais fière, libre surtout, enjouée, moqueuse, pleine d'un sans-façon aisé et d'une spirituelle malice. — Ce n'est pas que la vieille physionomie de notre province ne s'y soit, comme ailleurs, singulièrement altérée. Une foule d'étrangers attirés par la douceur du climat et les chances de fortune commerciale qu'offre le plus incroyable des vignobles, y sont venus mêler leurs mœurs exotiques à nos mœurs indigènes et en ont neutralisé le type. — Long-temps encore pourtant, on distinguera à Nuits le colon du naturel.—Au reste cette fusion d'assez récente date, explique à merveille comment notre pays a perdu bien plus que le comté de Bourgogne, son ancienne individualité; car, province éminemment agricole, située loin de Paris, n'ayant qu'un commerce d'exportation et peu de manufactures, elle n'avait aucun motif apparent pour se décolorer si vite au courant de la centralisation.

— Une des parties les plus saillantes du caractère nuiton, je ne dois pas oublier de le dire, c'est l'enthousiasme.

Cependant, hâtons-nous de le dire, quelques bons et antiques usages ont survécu. — Quand la construction d'une maison vient d'être achevée, une petite croix de bois s'élève au sommet de la cheminée neuve, fichée dans une touffe de fleurs; c'est qu'on aime encore, en Bourgogne, à placer son foyer domestique sous la protection du ciel — Cette petite croix de bois ne vaut-elle pas le symbole tout terrestre que l'on voit surgir à Paris au faîte des habitations nouvellement bâties? — Et puis quelques madones ont encore leur niche au coin des rues, quelques inscriptions touchantes du genre de celle-ci :

A. PACE. A. FAME. ET. BELLO
LIBERA. NOS
MARIA. MATER. CHRISTI (a)

viennent encore annoncer que la pensée chrétien-

(a) J'ai vu quelque part cette inscription en Bourgogne, au dehors d'une statue de la Vierge. — La même inscription se trouve aussi sur une maison de la Grande Place, à Bruxelles, tout près de la maison-de-ville, je l'y ai lue.

ne n'est pas morte, puisque avec soin on les garde, puisqu'avec respect on les lit.

Ah! c'est bien quelque chose que les *Nuictons* que j'aurais bien pu, comme tant d'autres, faire venir du Nord, avec les conquérants des provinces gallo-romaines, mais dont le bon sens m'a indiqué l'origine beaucoup moins fabuleuse.

« Comme pourrait-on croire, dit notre excellent St.-Julien de Baleure, ce qu'ils discourent des affaires muables des Bourgongnons, quand l'un les faits scythes, l'autre gothiques, et autres les disent vandales, c'est-à-dire coureurs et n'ayant siéges certains ? A la vérité, cela nous monstre assez que l'histoire des Bourgongnons a esté misérablement traictée, et que d'autant qu'icelle nation est trouvée fort illustre par le tesmoignage de toutes histoires qui en font mention, que selon l'humeur de ceux qui en ont escrit, ils ont été haut loués ou outragés. Ceux qui les ont voulu faire leurs, ont magnifié leurs proësses, et vertus, etc...... »

Les monuments de Nuits sont rares. Ils se bornent à une église paroissiale, une maison-de-ville, un hospice et une succursale de la paroisse. l'Eglise paroissiale de Saint-Symphorien est un édifice fort médiocre qui n'a de curieux qu'un accessoir tout-à-fait inconnu. C'est un tryptique offert en 1609 par Jacques Maissot. De ce tableau à trois volets dont voici l'inscription :

AV. NOM DE DIEV
ET. DE SAINCT. SIPHORIEN. AMEN
DONNE. PAR. IACQUES. MAISSOT
LIEVTENANT. DES. GARDES. DV ROY
EN. LA. TERRE. D'ARGILLY.
ET. CHRESTIENNE. DES. PRINGLES
SA. FEMME

MDCIX

on a fait une retable d'autel. Cette peinture sur bois et fort précieuse et le nom de la donatrice

(a) M. le maire de Nuits, a bien voulu se rendre à mon invitation; il a écrit au conseil de fabrique, et le tryptique va être placé dans la nef de l'église, protégé par un cadre.

rappelle une des gloires de Nuits; (a) mais malheureusement la triste ironie de l'incrédulité, cette mocquerie de mauvais goût que la bonne compagnie a abandonnée sans retour, s'est plue à profaner l'une des têtes du tryptique, en mettant une pipe à une bouche de Saint.. — Que d'esprit dans cette méchanceté, disons plus, que de courage? ...... — Je fouillais naguère l'église de Saint-Symphorien accompagné de mon honorable ami M. Forey, ancien maire de Nuits et correspondant de la commission d'antiquités du département.

Nous espérions trouver au clocher la vieille sonnerie transportée de Vergy à Saint Denis de Nuits, puis de Saint-Denis à Saint-Symphorien; mais ces huit cloches ont toutes été refondues très nouvellement. Un banc nous frappa, c'est le premier à gauche du spectateur, en entrant par le grand porche, adossé contre le gros mur occidental; on a eu la Barbarie de construire ce banc avec une peinture sur bois du XVIe. siècle.

Je ne dois pas oublier de dire que l'église de

(a) Jean des Pringles, né à Nuits en 1576, mourut en 1626.

Saint-Symphorien fut bâtie en 1280; mais que dévastée par les Reîtres qui ne lui laissèrent que les quatre murailles nues, et en firent une écurie pour leurs destriers, elle a subi plusieurs restaurations qui ont brisé son unité architectorale.

L'église paroissiale de Saint-Denis était autrefois collégiale. Quand Henri IV eut fait démolir la redoutable forteresse de Vergy, les chanoines du chapitre établi par Humbert de Vergy, se retirèrent à Nuits où on leur accorda six maisons et la chapelle castrale. Le trésor de cette collégiale renfermait, avant les pillages révolutionnaires, un petit monument qu'il faut vivement regretter parce qu'il aurait servi de document pour l'archéographie des édifices d'architecture militaire de notre province, c'est un reliquaire de vermeil qui représentait le château de Vergy avec ses tours et ses fortifications, donné au commencement du XIII® siècle par la belle Alix.

Cette église de Saint-Denis, avant le sac qui en

a été fait, il y a quelques années, n'était, sans doute, qu'un pauvre et misérable édifice dont aucun profil ne rompait les lignes monotones et plates; (a) mais en lui, il y avait un admirable plafond de la renaissance sculpté en bossage à compartiments en caissons et à culs-de-lampe que le vandalisme a scié. — Qu'a-t-on fait, au moins de ces débris? Il n'en est pas un qui ne soit digne d'entrer dans le cabinet d'un antiquaire.—Déplorable imprévoyance!... c'est sous la restauration qu'on a osé démanteler une église, et il a fallu que le pouvoir né de la révolution de juillet vînt la rendre au culte, malgré le reproche d'irréligion que lui adressaient les incorrigibles fanfarons de la monarchie malheureuse.

Vous trouverez encore à Nuits une habitation assez curieuse du commencement du XVIIe siècle, ornée de têtes en saillie et de bas-reliefs vermi-

(a) Rien d'ancien à St. Denis, la maçonerie se compose de moëllons de petit appareil très-singulièrement établis. J'ai eu beau fouiller l'église du pied à la tête, je n'ai pu découvrir aucun reste profilé de l'ancienne chapelle castrale.

culés, et couverts de tuiles vernissées et enfin une maison-de-ville qui n'a rien d'ancien que ses fondations. La cloche du Beffroi qui le surmonte n'est pas du tout un cadeau de nos ducs; car son inscription (*a*) que M. Forey et moi, avons relevée, prouve une date bien fraîche. Avant la Maison-de-ville actuelle, il existait un vieux monument et un vieux beffroi, et malgré le silence supposé (*b*) des archives, à cet égard, il est aisé de voir que la construction offre à peine cent ans d'âge. On vous montrera encore à l'Hotel-de-ville de Nuits l'envelope des vases d'argent

(*a*) Voici l'inscription :
CETTE . CLOCHE . A . ETE FAICTE . EN . LAN
MDCXIX . ESTANT . ESCHEVINS . LA . MEME
ANNEE. M. PIERRE . GROS . ESTIENNE
IANNIARD . CLAVDE . MOVCHEVAIRE
PIERRE . GIRARD . IEHAN . FERVET
TOVTSAINT . MOROTTE . IACQVVES . ROVYER
SINDIQVE

Les deux autres petits timbres qui servent à sonner les quarts portent le millésime MDLXXXXIX

(*b*) J'ai pris la liberté d'inviter M. le Maire de Nuits à faire classer et fouiller les archives municipales. Dans la liasse de 1607 à 1625, on pourra trouver des documents relatifs à la maison-de-ville.

dans lesquels était contenu le *vin d'honneur* qu'on offrait aux gouverneurs de la province et aux princes.

Ne sortons pas du temple des libertés communales, sans rappeler que Jean Sarrazin, comédien ordinaire du roi en sa comédie Française, était originaire de ce Nuits, où trois familles, celles des Grandné, des Ocquidant et des Jacquinot sont si nombreuses et si anciennes, qu'on peut les regarder comme les racines de la population. — Un fort mauvais portrait au pastel du capitaine Thurot, né à Nuits, orne la salle du conseil, à l'Hôtel-de-ville.

Nuits a perdu deux portes de ville fort curieuses de style, sa chapelle des *Croisés* qu'un si cruel souvenir rendait précieuse, et une ceinture de remparts et de tours de l'architecture militaire du moyen-âge.

Il y a une liasse de lettres-patentes rangées parmi les *illisibles*. Cette liasse contient à n'en pas douter, les documents et les titres les plus précieux de la commune. C'est sur elle que j'appelle toute la sollicitude de l'administration municipale de Nuits.

Savez-vous pourquoi un sobriquet aujourd'hui oublié disait les *Juifs de Nuits ?* — c'est qu'il prit un jour fantaisie à quelques notables d'échevinage et de bourguemestrie d'offrir à Henri IV la *conversion* de la ville au calvinisme. L'excellent et grand roi comprit sans peine que cette offre déguisait un besoin d'argent et en habile homme, exempta la ville d'impôt durant deux années. Ce fait est la cent mille et unième preuve d'une chose bien vraie, c'est que ces adresses d'un *corps de ville,* ne sont jamais l'expression du vœu des masses qu'on ne consulte pas. — Concevez-vous que la ville de Nuits qui s'était battue en déterminée ligueur, pût si vîte renier ses convictions?........

Nuits, jadis, était le siége d'un baillage civil et criminel dont le ressort était beaucoup plus étendu que celui de Beaune. Cette ville était la cinquième qui députât aux Etats et la troisième qui nommait l'Elu du Tiers-Etat.

N'oublions pas de dire que de Nuits est parti le signal d'une industrie nouvelle qui a ouvert un avenir immense au commerce de Bourgogne, je veux parler de celle des *vins de Bourgogne mousseux* dont on doit incontestablement la première réalisation et la plus parfaite application à l'honorable M. Jules Lausseure. — Cette province, voyez-vous, c'est bien quelque chose, car elle touchait à Paris par le comté d'Auxerre et à Lyon par le Mâconnais.

Je ne puis non plus passer sous le silence la très-récente découverte mécanique que vient de faire M. Guillaume Royer-Truchetet, invention qui se rattache à la fabrication des tonneaux, et pourra peut-être changer la face de cette industrie surtout si elle subit encore de nouveaux perfectionnements.

Mais il est temps de prendre notre poésie Bourguignonne sur le fait : qu'on veuille bien se souvenir que tout ce qu'on va lire n'atteint aucun nom propre, puisqu'il n'y a que les sots qui pourraient prendre une *légende* au pied de la lettre, au sérieux.

II.
LES TROUS-LÉGERS.

Qui, dans notre Bourgogne du centre, dans

notre Bourgogne du *rognon* comme d'aucuns disent pour exprimer le pays du côteau souverain renfermé entre Premeaux et Gevrey, n'a pas ouï parler de cette délicieuse vallée où dorment toutes les légendes et toutes les pieuses traditions des environs de Nuits? Elles sont là, toujours douces, toujours vivifiantes, incrustées dans le roc, assoupies dans le cœur du pâtre, qui se repose sous la grotte sombre, enlacées au souples rameaux du coudrier, enchâssées dans la niche d'une chapelle en ruine. A partir de la noire église de Saint-Simphorien, ce dernier symbole du vieux Nuits destiné à demeurer comme la sentinelle avancée du Nuits moderne, tout est merveilles dans le vallon.

Deux montagnes au front nu, aux riches et larges mamelles, étendant leur pieds jusqu'au Muzain (A. MVSIS) pour les rafraîchir dans une eau virginale et claire, servant de boulevards à la vallée. Que de mystères peuplent ce site que le classique Péloponèse nous envierait? Ici, c'est le viel hermitage qui veillait jadis, sur la cité, là c'est le le château de rochers que l'enchanteur Renaud s'était bâti sur le *Grepissot*, (a) plus loin, c'est là *sou aux Porcs* où les magiciens et les nécromans (b) enfermaient les animaux immondes et où les Bohémiennes, lasses d'avoir, tout le jour, parcouru les montagnes de notre province, venaient chercher leur nocturne abri; plus loin encore c'est la chapelle hélas ! détruite de Notre-Dame-de-la-Serrée qui guérissait les boiteux, les aveugles, les manchots. Voici le *Puits de Tombain*, gouffre dont l'on rapporte des choses épouvantables, voici le *Trou de Bévy*, voici les cascades où les fées se désaltéraient; voici le *Saut de la Pucelle*, voilà ce *roi de Villars* où demeuraient les géants; fier et haut, il semble dire à la plaine : Je suis le souverain des monts qui m'avoisinent, avec moi, la Bourgogne des montagnes commence, la bonne et antique Bourgogne qui a conservé

(a) On dit généralement *Crépissot* ; mais je crois qu'on doit écrire *Grépissot*, ce mot venant vraisemblablement de gravir et en étant la corruption.

(b) Je ne serais pas éloigné de croire que le mot bourguignon de *Souc* et d'origine saxonne, il se trouve dans la langue Anglaise ; SOW veut dire truie.

toutes ses amours d'autrefois. *Poupet* (a) mon frère franc-comtois et moi, nous sommes les deux grands phares d'un monde de souvenirs et de poésie. »

Et puis, avancez un peu dans le vallon, vous verrez les débris de Saint-Vivant dont le monastère semait jadis la prière autour de lui; vous verrez ce plateau privé de son diadême, où fut le château de l'illustre maison de Vergy. — Mais sur la montagne qui venant de Premeaux, s'arrondit devant Nuits, et comme épuisée, après avoir donné le *Saint-Georges* et les vins célestes de son côteau, se replie brusquement sur elle-même et fuit à gauche pour fraterniser avec la montagne de Vosnes, qui suit la même flexion à l'opposite, vous trouverez un souterrain nommé la cave des *Trous Légers*. Les *trous légers*, oh! ce sont les plus merveilleuses choses de ces parages!

Vous donc qui voulez visiter ce lieu que la tradition populaire a illustré, gravissez la montagne

---

(a) Poupet est la haute montagne à croupe arrondie au pied de laquelle est Salins; elle est infiniment plus élevée que le *Roi de Villars*.

à pente rapide dont trois zônes varient les contours, d'abord la zône des rochers, puis celle du pâturage à pic dont les terres ne sont retenues que par une plantation clair-semée de noyers (a), puis la zône du vignoble qui en tournant le dos au midi et ne regardant plus l'est que du coin de l'œil, va, en se suicidant, offrir bientôt sa main déshonorée aux vignes grossières de l'arrière côte. Arrêtez-vous donc à moitié chemin de cette montagne, sur ce sol vague où la longue administration municipale de mon oncle, voulait vous faire de si doux abris, et examinez tout ce qui vous entoure. Voilà bien cette petite cité de Nuits qui s'éparpille vers sa rivière ou se serre vers son hôtel-de-ville, voilà bien cette route de Bourgogne qui, comme un large ruban de soie blanche, semble l'unir à Dijon et à Beaune; voilà le clocher trapu et carré de Saint-Symphorien, les deux dômes taillés à jour de l'hôpital et du beffroi; ce dernier montrant avec orgueil

(a) Je crois qu'on pourrait planter des mûriers dans ces terrains vagues. Lorsque mon oncle fut enlevé à la mairie de Nuit, il avait conçu le dessein de peupler toute cette zône d'accacias, de pins et de noyers.

ces quatre cadrans qui marquent les quatre points cardinaux; mais où donc est cette tour de Saint-Denis qui donnait un sens de plus à la cité? — Demandez-le aux Pandoures. Il y a des gens qui ne comprendront jamais que les clochers et les châteaux sont les seules grandes significations populaires des lieux. Enlevez au village de la Rochepot cette ruine de castel qui tend sur lui, que deviendra ce hameau, quelle pensée renfermera-t-il? — Je ne vous parle pas de cet immense pouvoir déchu qu'on nomme *Citeaux* et dont vous apercevrez les milles fenêtres par delà les clochers de Nuits : monument tout moderne et plat comme le XVIIIe siècle, il ne dit rien aux masses, parcequ'aucun symbole matériel apparent ne traduit son passé. Je ne vous dis rien non plus de cette grande flèche de l'église de Gilly, qui se dresse si aigue et si fière dans la plaine, au dessous du *clôts de Vougeot*.

Mais il est temps de visiter les *Trous-Légers*.— Une large et basse ouverture pratiquée dans le roc, divisée en deux parties à peu-près égales par un pied droit naturel ou pilier, constitue les *trous-*

légers proprement dits; à côté d'eux est la *chaudière du diable* et au-dessous, la *cave* ou le souterrain dans lequel nous allons entrer. Je défie à l'art de former une voûte dont la courbe soit plus harmonieuse, dont les parois soient plus solides que celle de la *cave* des *Trous-Légers*. Dans le milieu du souterrain est un salon en rotonde, d'une coupe élégante, où sans doute, les fées se réunissaient pour leurs fêtes, galas et esbattements domestiques. Des chauve-souris blâfardes plaquées contre les murs, en forment les rinceaux et les frises, ou logées dans la concavité de la voute, elles semblent les pendentifs du plafond. La *cave* des *Trous-Légers* n'est point très-profonde; mais le peuple qui n'aime pas les choses finies et positives, le peuple qui toujours veut un au-delà, le peuple qui, sans cesse, va rêvant ces idéalités que Dieu a mises dans son cœur comme une émanation du ciel, le peuple a suppléé aux dimensions bornées du souterrain. A l'entendre la *cave* se prolonge jusque sous l'église du village de *Chaux*; mais les fées qui ont choisi leur séjour en ces sombres lieux, ont soin d'en fermer l'entrée par un rocher, depuis que la philosophie s'est montrée si arrogante avec elles. — Oh! que le peuple est admirable! Toujours il vole d'un mystère à l'autre, il faut que le souterrain qu'il voit commencer aille finir sous une église, dans quelque prodigieuse crypte qu'il ne voit pas; il faut que le clocher dont la flèche se perd dans la nue, soit l'œuvre des puissances surnaturelles, car son semblable, l'homme qu'il touche et qu'il regarde, ne peut rien de grand! Oh! avant que les révolutions n'eussent limé son bonheur intime, que de chaudes et ingénues convictions avait notre peuple de Bourgogne! à Beaune! c'était ce *Grand Couard* dont on attendait toujours en vain l'entrée solennelle, au premier dimanche de mars, et qui était d'autant plus idéal et d'autant plus extraordinaire que jamais on ne l'avait aperçu; à Châlons-sur-Saône, à Autun, à Dijon, mille croyances épiques décuplaient la vie.

« Hâtons-nous, hâtons-nous de confier à la lyre et de perpétuer par des chants, ces mythes populaires que le ciel emporte avec les monuments de nos aïeux: heureux étaient nos pères, de leurs affections et de leurs croyances. — Car, pour être heureux ici-bas, à quelquechose il faut croire.— Nous, plus pauvres en naïves félicités, venons au moins caresser des souvenirs qui gagnent en poësie tout ce qu'ils perdent en proximité. Moins positives que jamais, plus mystiques et plus vagues, ah! combien les traditions du passé sont douces aux harpes contemporaines! »

Vous donc qui l'aimez, ce peuple, vous tous qui mêlez vos affections à ses sympathies, vous qui regardez son cœur comme un sanctuaire et qui craindriez de commettre une profanation, en y portant le doute, vous tous, écoutez-moi, car j'ai interrogé le peuple et je peux parler sa langue.

III.

LA COUPE D'ARGENT.

Il y avait, dans la maison de feu mon grand père qui était un de ces hommes de probité et de lumières que les petites villes n'oublient et ne remplacent pas, un vieux serviteur nommé Jacques Grandné. Jacques Grandné, c'était un de ces types que dans, dix ans, on ne retrouvera plus en Bourgogne, et dont les révolutions politiques ont brisé la matrice. Hélas! cet homme qui avait vieilli en cultivant le sol héréditaire, cet homme au front ridé, à la figure si franchement profilée, exprimant d'une manière si précise, la bonté, la malice, la fidélité et la foi aux faits antiques, toutes choses qui constituaient le vieux *barôzai (a)* bourguignon. Hélas! hélas! Jacques Grandné, je l'ai laissé mourir sans lui avoir demandé toute la poésie renfermée en son cœur! — C'était lui qui résumait toute la population quasi-rurale de *Nuits-Amont*, c'était lui qui savait tout le passé, c'était lui qui n'avait que la tradition orale reçue de la bouche des vieillards, pour livres, ainsi que les patriarches ; c'était lui qui ne parlait que le pur et vrai patois bourguignon, c'était lui qui, membre zèlé et presque toujours bâtonnier de la *confrèrie de Saint-Jacques*, érigée en l'église paroissiale de Saint-Symphorien, ne manquait jamais de

---

(*a*) *Barôzai* signifie vigneron en langue Bourguignonne.

me donner, au 25 juillet de chaque année, de ces petits pains bénits qu'il avait religieusement préparés, de ces petits pains qui ont la forme d'un coquillage et qui rappellent les conques marines que rapportaient de Galice les pélerins qui avaient visité le grand Saint-Jacques de Compostelle. — Tel fut Jacques Grandné, et je l'ai laissé mourir subitement, sans avoir pu recueillir une légende avec son dernier soupir! adieu! — Ah! quand Jacques Grandné vivait (*a*), c'est qu'alors, ma poésie, je la cherchais, comme les méridionaux, dans les sens, dans les formes, dans la mythologie extérieure, c'est que je ne m'étais pas encore replié en moi-même, comme font les hommes du Nord, c'est que je n'avais point prêté une oreille attentive à cette harpe solitaire qui parle au fond de l'âme et ne veut que des choses idéales pour inspirations. — Mais on disait aussi que Jacques Grandné entretenait commerce avec les fées, les enchanteurs et les nécromans : plusieurs fois on l'avait vu rôder dans la nuit; on l'avait vu, au

(*a*) Ce vigneron, personnage historique pour le peuple de *Nuits-Amont* est mort la veille du premier de l'an 1834.

clair de la lune, gravir la pente rapide qui mène aux *Trous-légers*, on l'avait surpris revenant du cimetière et faisant ses adieux à une troupe d'êtres fantastiques qu'il semblait avoir pour amis; Jacques Grandné était sorcier, et cette qualification lui avait été donnée d'un consentement si unanime, que jamais, depuis plus de trente années, on n'avait prononcé son nom propre. — Encore un coup, c'est Jacques Grandné, le sorcier de *Nuits-Amont* que j'ai laissé mourir!....

Mais une veuve lui a survécu, la bonne Christine, si dévouée aux mânes de son époux et à ses maîtres, la bonne Christine dont le menton saillant et branlant, la bouche rentrante, le regard confus, la visage maigre, symbolisent si bien une figure de sorcière. La petite maison qu'elle habite et où vécut si long-temps Jacques Grandné, est voisine du cimetière et de la vallée merveilleuse: il n'y a guère que nous autres, enfants d'une famille si chère à Christine, qui passions vers cette maison veuve de son maître, le soir, sans craindre qu'on nous jette un sort.

Ces jours derniers, je revenais de faire une

agréable excursion dans nos montagnes, et j'entrai, pour me reposer, un instant, à la tombée de la nuit, chez la bonne Christine. C'était chose curieuse à examiner dans la clarté incertaine d'un jour mourant, que cette chambre de Christine, où j'étais venu si souvent, dans ma tendre enfance, manger de ces mousserons que *Jacques le sorcier* récoltait sur sa montagne et dans le bois de *Charmois*. Châsses de saints, madones, crucifix, reliquaires, complaintes, pieuses mais grossières images, rameau bénit, chapelets, vieux bénitiers et médaillons vers le chevet, tous ces meubles que la dévotion du foyer domestique, que la foi populaire si touchante et si respectable se transmet de génération en génération, tout cela ne manque pas à la chambre de ma bonne Christine.

— Ah! mon aimi, vous voiqui véez chez neus! cheurtez-veus donc.

— Christine, je veux entendre un récit du temps ancien et savoir ce que mes Dames les fées venaient faire au Pâquier (*a*) quand, dans les

(*a*) Le *Pâquier* n'existe plus. On appelait ainsi l'espace laissé entre les deux rivières, que maintenant couvrent de fertiles jardins. Autrefois toute cette île était peuplée de vieux et touffus noyers.

nuits d'autrefois, elles quittaient leurs palais des *trous-légers*.

— Mon aimi, veus êtes bén honnête, y vâ veus satisfare; ma veus escuseras lai povre veille qui ne sa ran de bé béa.

Je ne suis certainement pas assez poète, pour reproduire, dans sa propre langue, le récit de Christine; mais voici la substance de ce que voulut bien me conter la vieille et excellente *sorcière*.

Le palais central des fées nuitonnes était aux *trous-légers*; c'est là qu'elles recevaient les visites de l'enchanteur Renaud qui, depuis plus de mille ans, demeurait sur le *Grépissot* de Concœur (a), et dont le château de rochers encore apparent, regarde morne et muet toute cette opulente campagne qui verdoye à ses pieds. Dans les nuits de sabbat, les géants du *Roi de Villars*, l'enchanteur, les magiciens errants de la vallée, et le diable arrivaient à cheval, aux *trous-légers*. Là, dans la grande chaudière que vous connaissez, Lucifer préparait les mets du festin. A peine le dernier

(a) Concœur, village du canton de Nuits, appelé *Conqueulx*, en 1420.

coup de minuit avait fini de tinter au beffroi de la ville, que toute la troupe se mettait en marche. C'était d'abord un immense char traîné par douze chevaux noirs aîlés qui soufflaient des flammes de leurs narines, ce char contenait le diable, l'enchanteur Renaud et les deux princes des géants. Puis venaient deux carrosses attelés chacun de six coursiers blancs, également aîlés, où étaient les fées richement vêtues de robes d'argent, ayant des étoiles dans leurs cheveux blonds, et tenant dans leur main une baguette dorée; puis l'on voyait une foule de magiciens errants, cavalcadant autour des carosses, puis, la troupe des laquais armés de torches ardentes, galoppant, et portant des bahuts qui renfermaient les rôts, les friandises et les liqueurs. Quelques instants avant que les puissances surnaturelles eûssent quitté les *trous-légers*, des valets aux longues tuniques bariolées, coiffés de bonnets pointus étaient occupés à dresser une grande table au *Pâquier*, et à la couvrir d'une éclatante vaisselle.

Sept secondes suffisaient pour que le cortège eût franchi la distance qui sépare les *trous-légers* de cette île alors couverte d'énormes noyers, qu'on nommait le *Pâquier* et qui a perdu aujourd'hui, sa destination, sa forme et son nom. Alors, durant que les laquais plaçaient les mets sur la table, toute la troupe se formait en chœur et se livrait à des hurlements qui retentissaient jusque dans les caves du château de Vergy. Tous les arbres s'illuminaient, d'immenses pots-à-feu brillaient sur les cîmes des montagnes environnantes, de frais et joufflus chanteurs, des joueurs de flûte, de violon, de théorbe, de mandoline et de bombarde, se nichaient dans la tête bruissante des noyers, et avec le concert, la première danse commençait. Mais bientôt, Lucifer poussait un cri suprême. — C'était le signal du repas — et chacun s'asseyait au banquet.

— Ah ! dit Christine, en me regardant fixément : bon Dieu de Dieu, qués soupés que c'étô que ce qui : en serai-t-y jamâ de si béâs sû la tarre ? — Pendant qu'ai mangeint ai foison, qui de neus aurô osu aillé cri de l'éâ à lai rivère, parlant par respect ?

Il y avait dans ce magnifique village de Vosnes,

dont le territoire trône en souverain parmi nos vignobles, un homme du nom de Vivant qui aimait éperduement une jeune et belle paysanne qu'on appelait Huguette. En vain Vivant soupirait, en vain il demandait à un père entêté, cette main qu'une obstination désespérante lui refusait sans cesse.

Fatigué de sollicitations importunes, un beau jour, le père inexorable alla trouver Vivant et lui tint à peu-près ce langage :

« Je t'ai, jusqu'ici, constamment refusé mon Huguette, ma chère et belle Huguette, Vivant; tu as pu prendre mon obstination pour du mauvais vouloir et tu te trompais étrangement. Mais, hélas! je suis lié par un vœu que je n'avais pas encore pu prendre sur moi de te dévoiler. — Ecoute. — Une bonne fée qui habite je crois dans la vallée de *Chambolles*, (*a*) dans cette combe d'Orvaux, où le diable dit : « si te n'avô ne pain ne sô, jamâ de tai vie te n'en sortirô », ou dans les *trous-légers* de Nuits, se trouva, par hasard, à la naissance de ma fille, et me fit promettre de ne la marier qu'à

(*a*) Chambolle, (*Campus Ebuliens.*)

27 ans, sept mois et sept jours accomplis, à moins que celui qui l'aimerait ne fût disposé à subir l'épreuve à laquelle il me plairait de le soumettre. »

« Eh bien, c'est dans la nuit de demain que les fées et les enchanteurs tiennent leur sabbat et dansent leurs branles à la lueur des flambeaux. — J'ai besoin d'une tasse ou coupe d'argent; te sens-tu assez de courage pour aller la prendre sur la table de leur festin?............Si tu me rapportes cette tasse, ma fille est à toi. — Ne crains rien des convives; les préparatifs du repas se font avant l'arrivée du cortège, et déjà la vaisselle d'or et d'argent brille sur la table que les fées et les enchanteurs n'ont pas encore fait atteler les chevaux à leurs carrosses. — Tu sais où il se tient le sabbat, c'est au *Pâquier* de Nuits, sur le bord de l'eau. A onze heures et demie de la nuit le couvert mystérieux est dressé, et la troupe n'arrive qu'à minuit sept secondes. Tu iras donc te cacher dans les branches de l'un des noyers qui peuplent ce lieu de féeries, et, dès qu'une tasse d'argent sera posée sur la table, tu t'empresseras de la ravir. — sois sans peur des laquais, puissances déchues et réduites à l'esclavage, enchanteurs privés de tous leurs pouvoirs, par arrêt de la cour suprême, pour félonie ou méfaits, ils se hâtent de fuir quand ils aperçoivent un homme, ils ricannent, grincent des dents, grimacent, et disparaissent. »

— Vous serez obéi, répondit Vivant, d'une voix sonore : je ne puis vivre qu'avec Huguette ; ou j'aurai ma bien-aimée, ou je mourrai en prononçant son nom, dans l'accomplissement de la rude tâche que vous m'imposez.

Quels sacrifices sembleraient impossibles à celui qui aime fortement et qui voit, au-delà d'une périlleuse épreuve, de souples et gracieux bras de femme s'entr'ouvrant pour le presser, un sein de femme palpitant pour le recevoir, des cheveux de femme s'éparpillant pour le caresser? — Ah! c'est qu'elle était bien belle, Huguette, avec ses dix-neuf printemps à son front, avec ses petites pieds andaloux que les sentiers et les cailloux de la montagne n'avaient pas encore élargi, avec sa main d'Anglaise dont les rustiques travaux point n'avaient encore altéré la forme, avec ses yeux pleins d'azur, et sa bouche pleine de mollesse harmonieuse et de timide volupté !

Vers dix heures du soir, par une des plus mélancoliques clartés de lune qui ait jamais argenté les aîles diaphanes des sylphides, Vivant se met en route, armé d'un bâton et d'un courage décidé à ne reculer devant aucun obstacle. Il marche en fredonnant, pour éloigner les maléfices et les esprits malins des nuits. — Déjà il approche de la vieille église de saint-Symphorien dont le lourd clocher se dessine en silhouette sur un ciel pâle, il voit s'éteindre les dernières lumières de *Nuits-Amont*, il traverse, à pas redoublés, ce cimetière où dorment tant de générations, — il a failli, malgré ses fermes résolutions, mourir de peur, car quatre petites ombres d'enfants et un grand fantôme ont gémi dans cette place du champ des morts où l'on aperçoit encore une croix de pierre, couchée sur l'herbe, entourée de plusieurs tombelles offrant également la figure d'une croix, taillées à vive arête. (*a*).

(*a*) Ce sont 4 tombelles disposées en croix autour d'une croix mère. Les petites croix sont de dimention différente. On suppose avec raison que c'est là le tombeau d'une famille enlevée

Cependant, onze heures sonnent au beffroi municipal, et Vivant est arrivé au *Pâquier* où il n'y a rien encore, qu'une rivière qui murmure, que des noyers qui bruissent, que de l'herbe qui tremble et devient parfois lumineuse.

Mais on entend des bruits confus de voix partir de la vallée; mais sept noyers flamboyent tout-à-coup, et dans leur tête étincelante, paraissent des musiciens qui chantent un menuet, en s'accompagnant sur le violon.

— Vivant faillit regagner au plus vîte la *Fin-Blanche*, pour reprendre le chemin de Vosnes; mais Huguette se représenta à sa pensée, et bientôt, les rameaux touffus de l'arbre le plus voisin du pont, lui servirent de retraite.

D'abord trois bohêmiennes aux mains décharnées et livides, aux doigts crochus, aux cheveux ébouriffés et roides, aux pieds nuds, vêtues de

---

par la peste dans la même semaine. L'inscription tumulaire est si fruste que je n'ai pu y lire que ces mots :
CX . GIST . JEHAN . DARGILLY . PERE . DE . JEHAN DARGILLY . DECEDE . A . NVITS .
Le millésime est effacé, cette inscription appartient à la grosse tombe : les tombelles n'en portent aucune.

guenilles ayant un chapelet d'osselets en bandoulière, et portant un mouchoir graisseux noué sur leur tête, vinrent se coucher à terre, pour attendre l'instant où elles pourraient lécher les plats, après le splendide festin des fées, et jeter dans leur hâvre-sac, les os tombés de la table. Elles posèrent leur bâton à côté d'elles, croisèrent les bras et n'articulèrent pas une seule parole. — Oh! les horribles figures, que ces visages de Bohémiennes, et comme M. A. Colin, de Nismes a bien étudié et bien compris cette race! (a)

Ensuite une troupe de laquais vint dresser une grande table...... Aussitôt que les plats d'argent et les coupes d'argent y parurent, Vivant, après avoir trois fois demandé pardon à Dieu, après

(a) La 17e livraison de l'*Art en Province* contient une étude de bohêmiennes très-remarquable, par M. A. Collin. Voici la première strophe d'une piece de vers que *Reboul* a adressée à son compatriote, à propos de cette composition :
La poésie en est dégoûtante, mais forte :
Un terrain semé d'os, une eau gluante et morte
Que le soleil corrompt et ne peut dessécher ;
Voisin de l'abattoir et de la grande route,
Ce lieu n'a qu'un gazon misérable et que broute
Le reste d'un troupeau conduit par un boucher.

s'être signé trois fois, sauta à bas de son arbre et alla dérober la première tasse qui tomba sous sa tremblante main; puis il courut à toute jambe, en tournant le dos au *Pâquier*.

Mais les laquais, les musiciens et les lumières se prirent à galopper aussi et le poursuivirent sans jamais l'atteindre, jusqu'au village de Vosnes.

Le dimanche matin, la tasse d'argent rapportée par Vivant brillait sur l'humble dressoir du père d'Huguette, et l'amant réclamait le trésor qu'il venait de conquérir. — On ne pouvait pas douter que la coupe n'eût effectivement été dérobée au banquet des fées, puisqu'une *danse Macabre*, et les symboles de la magie étaient gravés à son pourtour.

Avant de se marier, il fallait se présenter au tribunal de la pénitence, et Vivant ne put résister au besoin de confesser sa rapine. L'église était puissante alors; la parole d'un prêtre étoit un ordre. — Retourner au *Pâquier* de Nuits, dans la nuit du plus prochain sabbat et replacer la tasse d'argent sur la table d'où elle avait été enlevée, telle fut la peine expiatoire qui fut infligée à Vivant par le respectable et vieux curé de Vosnes.

Encore un coup, Vivant obéit....... — Mais plus il ne revint, et son amie aurait atteint, en l'attendant, sa vingt-septième année, si au bout de quelques jours d'angoisses, elle n'eût dit à la terre un éternel adieu.

Pour le père d'Huguette, il ne tarda pas à disparaître aussi, et l'on prétend qu'ayant subitement pris la forme d'un cochon, il alla se réfugier dans la *Sou-aux-Porcs* qui touche au *Grépissot* de Concœur.

Voilà ce que la bonne Christine m'a raconté dans un langage si naïf et si coloré que je n'ai pas même essayé de l'imiter.

— Et maintenant; adieu beau pays de Bourgogne, jadis si plein de parfums et de tendresses, si unitaire de patriotisme provincial, maintenant si morcelé par le départementalisme, si profondément labouré par la charrue des sophistes, des tribuns et des sceptiques. — Oh! puisqu'un abrutissant niveau a tordu tes membres, aplati ta noble figure, puisque de mauvaises haleines ont soufflé sur cette poësie qui tapissait tes vallées, garde, garde au moins quelques souvenances, quelques regrets dans ton cœur, et quelques larmes dans tes yeux.

Jeunes hommes de la Bourgogne qui m'écoutez et m'aimez, évitez que d'imprudentes paroles, que de froides et déplorables ironies ne tuent les derniers respects populaires : comprenez enfin qu'il est pour les populations, une vie intime de sentiments et d'affections, qui mène plus sûrement à la félicité que la philosophie : découvrez-vous devant le Christ, devant tous ces signes de foi qui mettent sur votre route une pensée ultraterrestre et infinie; croyez à quelque chose, ne fût-ce qu'au plus fugitif de vos rêves, et rappelez-vous toujours qu'une superstition même, quand elle vient d'une âme ingénue, est encore une poésie qui mérite qu'on se tienne, chapeau bas, devant elle. Ah! efforçons-nous tous de renouer quelques pages du passé au nom de Bourgogne, maintenons les bons usages sauvés, réchauffons les cendres refroidies, faisons-nous, pour nous-mêmes et pour tous, une seconde religion de l'amour de notre province; le patriotisme provincialiste est frère de la liberté. On peut encore s'honorer d'avoir la Bourgogne pour berceau :

BOSSUET FUT BOURGUIGNON COMME NOUS.

AINSI . SOIT . IL.

Pour une Prise de tabac.

XIV.

POUR UNE PRISE DE TABAC.

ADVIENNE QVE
POVRRA

— Conducteur, allez-vous à Passy? — S'écria un jeune homme de trente ans, environ, d'une mise soignée, portant de petites moustaches brunes, un collier et un chapeau gris, et se promenant, d'un air préoccupé, dans ce recoin de la place du Carrousel, pressé entre les murs noirs de la galerie du Louvre et cette rue du Doyenné qu'on razera incessament, pour agrandir l'horizon du château.

— Non, Monsieur; dans cinq minutes Passy va venir : passez au bureau en face.

—Passy, Passy.

Et voilà Gustave placé dans le populaire *omnibus*, entre une nourrice gravée de petite vérole et un gros monsieur à figure bourgeonnée, à nez protubérant, tenant d'une main un parapluie et de l'autre un mouchoir.

— Usez-vous du tabac, dit à Gustave, le gros monsieur, en tirant de sa poche une tabatière d'une ampleur remarquable.

— Oui, Monsieur : cette boîte justifie de mon admission dans la confrérie renifflante, éternuante et mouchante.

— Pardieu, mon voisin, ne dites pas de mal de la confrérie. Vous connaissez les vers sublimes : *quoiqu'en dise Aristote*.....

Il y a quarante-cinq ans que je prends du tabac; le docteur m'avait conseillé cette poudre bienfaisante pour combattre des douleurs de tête opiniâtres, et je me suis parfaitement bien trouvé du remède. — Mais, à propos, vous m'avez la mine d'un priseur à l'eau de rose, avec vos gants paille ou beure frais, votre foulard presque blanc, votre tabatière d'écaille ornée d'un portrait...... De votre maîtresse, sans doute. — Parlez-moi de ce magasin. — Et après avoir fait résonner deux fois son doigt indicateur sur sa large boîte d'argent, le gros monsieur s'empressa d'offrir une prise à Gustave.

— Comment trouvez-vous mon tabac?

— Fort agréable.

— Vous comprenez qu'il y a un mélange. Ah! c'est que je suis difficile; vous voyez mon bureau, eh bien, je le remplis deux fois par jour, afin d'éviter ce que nous nommons le tabac de coin. Je ne supporte pas votre tabac de la régie tout cru.

Jadis j'usais du *régent*; mais j'y ai renoncé, parcequ'il m'irritait. J'ai pour camarade, un vieux marin qui me fait ma provision de Virginie pur, j'en mets un tiers pour une livre de tabac moitié première qualité, moitié seconde. — Sentez-vous ce petit arrière-gout de raisin sec?

— Trés distinctement.

— Monsieur va-t-il à Passy?

— Je vais à Passy.

— Tant mieux; comme je m'y rends aussi, nous avons encore le temps de prendre quelques prises. — Les *omnibus* ne vont pas vîte. — quel est ce monument?

— Mais, Monsieur, ce sont les Invalides.

— Et ce bois?

— Quoi! vous ne reconnaissez-pas les Champs-Élysées, le Cours-la-Reine?....

— Monsieur est de la province.

— Oui, Monsieur, et d'une province fort éloignée de Paris; il y a près de 35 ans que je ne l'avais vue, votre capitale, et je ne m'y retrouve plus.

— Dam, alors, dit en souriant, la nourrice gravée de petite vérole, ça n'est pas bèn étonnant que ce monsieur ne connait pas eul'Dôme des Invalides, vu qu'il est de la campagne.

Nos deux discoureurs parlèrent pendant quelque temps des avantages et des inconvénients réciproques de Paris et des provinces. Le gros Monsieur, champion dévoué de la cause provincialiste, moins éloquent, sans doute, et moins logicien que M. Guerrier de Dumast, qui a écrit sur la décentralisation intellectuelle, des pages si fortes de pensées et de couleurs, (*a.*), soutenait avec énergie et chaleur la thèse de ses affections. Loin d'aborder le côté poëtique et moral de l'existence du provincial, loin de faire de son pa-

(*a*) Voyez : *Le pour et le contre, sur la résurrection des provinces*, extrait de la *Revue de Lorraine*. (N^{os} de mai et juin 1835.)

négyrique, une épopée de joies intimes, de fêtes patronales, de banquets de famille, de traditions héréditaires, de touchante individualité, de vieilles et populaires amours; loin d'attaquer Paris par cela seul qu'il a inventé le monopole et les pots-de-vin, qu'il est rempli de choses factices, d'apparences trompeuses, de fumée de lustres, de nature postiche, de charlatans et d'histrions, par cela seul qu'il régorge de prostitutions et d'impiété, notre intrépide priseur résumait toute sa rhétorique dans ses domaines. S'il sortait, parfois, des champs, des fermes, des prés, des bois et des étangs qui formaient toute l'arène de son provincialisme, c'était pour se rejeter dans des arguments qu'il ne semblait pas difficile de vaincre. — A Paris, voyez-vous, mon voisin, on ne se connait pas, on ne sait jamais à qui l'on parle, on ne sait jamais si l'on serre la main d'une dupe ou d'un fripon; et puis je ne ferme pas l'œil en ce diable de pays.

— Je crois, Monsieur, que vous pensez parler à un prolétaire.

— Sans offense, Monsieur, tenez, revenez à mon tabac, il est bon.

Puis notre homme recommençait la discussion. Il y avait bien des choses incontestables de bon-sens, de la franche bonhomie de bourgeois campagnard, de la vérité dans le lieu-commun et de la finesse dans la vulgarité, en tout ce que disait le curieux et bavard provincial, mais le voisin ennuyé ne répondait plus et regardait tristement la Seine qui coulait en murmurant.

— Figurez-vous, Monsieur, avant-hier en descendant de diligence, j'avais besoin de prendre quelque chose. J'entre, le parapluie que vous voyez, à la main, ma veste sur le dos, et la blouse que nous autres propriétaires, nous portons plus souvent que le fraque, sur le bras, chez un traiteur du Palais-Royal.

— Cadet, donne-moi une soupe grasse, un bouilli et la suite, dis-je au domestique, en frappant rudement de mon bâton, sur la première table venue.

— Vous vous trompez, mon cher, me répondit le drôle, ici l'on ne tutoye pas les garçons et l'on ne sert qu'à la carte et à la portion.

Eh-bien, voilà vos faquins de Paris. Croyez-vous que dans ma province, on recevrait ainsi le propriétaire, dans une auberge?

Qu'aurait pu, je vous le demande, répliquer le fashionnable? — Paris, c'était sa vie à lui : aux raisons du priseur, il avait d'abord opposé l'Opéra, les Bouffes, les Raouts, le bois de Boulogne, le boulevard de Gand, les Cabinets de lecture, liberté de Mœurs, indépendance Sociale; puis il avait pris le sage parti de se taire.

Et cependant, laissez le propriétaire campagnard se frotter pendant trois ans contre le monde des salons, peut-être comprendra-t-il ou devinera-t-il enfin que Paris et la province sont deux existences qui se complètent l'une par l'autre.

— Mais de quelle province êtes-vous donc, Monsieur le propriétaire?

— Du pays des poulardes.

— Du Mans?

— Non, Monsieur, de la Bresse, entre Chalon-sur-Saône et Lyon.

— C'est pardieu vrai ; et moi qui ne reconnais plus mon accent..... C'est que depuis si long-temps j'ai quitté la Bresse.

— Quoi! vous seriez aussi Bressan?

— Je suis Bressan, et qui plus est, natif de ce petit port de mer qu'on nomme Bourg-en-Bresse, si connu par sa Notre-Dame-de-Brou et par le berceau de Vaugelas.

— Ajoutez par ses chapons, s'il-vous-plaît. Oh! les singuliers rapprochements qui se font dans Paris; nous sommes compatriotes de province et de cité.

— Conducteur, conducteur, arrêtez. — Trois ou quatre voyageurs descendent au pont d'Iena.

— Monsieur, veuillez-vous retourner à droite,

voici l'emplacement du palais projeté du roi de Rome.

— Ah! Ah!..... — Mais oserais-je vous demander qui vous êtes?

— Pauvre jeune homme! mort sur le sol étranger.

— Ah! vous parlez du duc de Reichstadt. — Quand j'appris sa mort par les papiers-nouvelles, je ne pus m'empêcher de faire de tristes réflexions sur l'instabilité des grandeurs humaines.

Pendant que le fashionnable éludant une question trop brusque, s'appitoyait sur le sort du fils unique de Napoléon, la voiture avait franchi la barrière.

— Pied à terre, Monsieur, nous sommes arrivés.

— Dites-moi un peu, vous qui connaissez le pays, où se trouve la rue *du Moulin-de-la-Tour?*

— Je vais dans cette même rue, nous pouvons cheminer ensemble.

— Pardieu, avant de nous quitter, mon voisin, je veux goûter votre tabac à l'eau de rose.

— Il est un peu sec.

Le jeune homme tire sa boîte, et offre une prise avec la plus exquise politesse.

— Permettez que j'examine votre tabatière. — Voyons il me faut mes yeux. — Oh! que ce portrait est beau! Si c'est celui de votre maîtresse ou de votre fiancée, Monsieur, je vous en fais mon compliment. — Quelle pose décente, quelle mine virginale, quel air réservé! Une pareille personne est née pour vous rendre heureux. — A son regard je devine qu'elle a le cœur excellent et l'ame pieuse. — Nous autres Bressans, voyez-vous, nous tenons à cela, à la religion, c'est ce que nous appelons un principe.

— Vous pensez donc que cette jeune personne mérite amour et sympathie.

— Je le pense sincèrement; ces visages-là ne sont jamais trompeurs.

— Ah! combien vous avez raison, Monsieur, continuez, continuez, vous me soulagez, vous me comprenez..... — Ah! Ah!.......................

— Mais il y a de l'écrit au bas du portrait.

— Ma devise et mon nom; vous me demandiez tout-à-l'heure qui j'étais.

— voyons :

AMOVR . AMOVR . TOVT . POVR
MA . LAVRE
GVSTAVE . DE . MONTRIBLOVD

— Quoi! Quoi! qu'ai-je lu? Gustave de Montribloud! — Où suis-je ?..... Gustave, mon fils! — Reconnaissez-vous votre père, malheureux?

— Il se pourrait? — Vous seriez mon père, le comte Gabriel de Montribloud?

Gustave tombe aux genoux du gros monsieur

à tabatière d'argent.

— Vous êtes mon père ! le comte de.....

— Lui-même. — Relevez-vous, et suivez-moi dans ce café ; j'y vois, d'ici, un petit jardin où je pourrai vous parler sans témoins.

« Est-ce bien vous que le hasard d'une course en *omnibus*, me rend, fils ingrat et dénaturé ? — Comment, depuis 14 ans bientôt, avoir fui le toit paternel, n'avoir plus jamais songé ni à ses parents ni à ses amis d'enfance, ni à son pays, ni à cette fortune patrimoniale que mes soins, mes travaux et mon économie de provincial ont constamment augmentée ! Croyez-vous que si votre sœur, ma chérie, ma bonne Anne que vous ne reconnaitriez, sans doute, pas mieux que moi, puisqu'elle était agée de 12 ans, lorsque vous avez quitté votre berceau, entraîné par une troupe de comédiens, croyez-vous, dis-je, que si Anne qui est aujourd'hui madame de Valtanges, ne m'était pas restée, croyez-vous, misérable aventurier, que j'aurais pu survivre à ma douleur et amasser, comme l'abeille, du butin autour de moi, pour les vieux jours de votre mère et pour les miens? — J'ai été presque ruiné, depuis que vous avez rompu tous les liens du sang; ayant eû la faiblesse de répondre pour votre cousin Louis, à la demande de mon frère, l'Evêque; toute la terre de mes ancêtres s'est trouvée engagée : j'ai tout payé, et il me demeure encore plus de biens que je n'en ai reçus de votre aïeul. — Mais il a fallu suer, travailler comme un bœuf, faire dans les bois du Bugey, un commerce qui m'a été lucratif. »

« Quant à vous, mon parti était pris depuis six ans; je vous avais oublié, vous n'existiez plus pour moi. Je vous croyais encore en Russie, peut-être parti de Saint-Pétersbourg, pour les îles, lorsqu'on m'apprit que depuis deux années, vous habitez Paris, y battant le pavé, sans doute, pauvre artiste, courant le cachet et la pratique. »

— Mon père, excusez, pardonnez..... Depuis mon retour de Russie, je vis honorablement, je ne dois rien, je puis aller partout, tête levée... Un artiste n'est pas un vagabond, et je me félicite d'avoir les arts pour existence.

— « Et cette petite fille que vous voulez épouser sans mon consentement, puisque depuis votre départ de la Bresse, je n'ai pas reçu une seule lettre de vous, qu'est-elle? — Une grisette, une comédienne, vraisemblablement, ou une artiste comme vous dites, Monsieur l'amateur des arts. — Allons, parlez, quels sont vos projets?
— Vous ne vous attendiez pas à ce que le provincial simple et franc qui vous a amusé quelques ~~nts~~ dans une voiture, qui connait mal Paris, qu'on trouve même moins souvent à Bourg que dans le village qui vous échappe aussi, dont peut-être vous avez oublié le nom, vous ne vous attendiez pas à ce que ce paysan serait votre propre père.

— Et moi comment eussé-je reconnu mon fils, dans ce gringalé à la figure effilée, à l'œil terne, à la paupière creuse, à la taille efflanquée, mon fils avec des moustaches et une barbe de sapeur?

— Laure est le nom de celle que j'aime, mon

père, fille d'un peintre estimable qui vit modeste et retiré, à Passy, elle a mon cœur et le gardera.

— Dans la rue du Moulin-de-la-Tour?

— Oui, mon père.

— Et le n°, s'il vous plait.

— 14.

Le gros monsieur tire de sa poche un portefeuille de parchemin, et lit. — 14 n° 14, c'est bien cela. Je m'y rendais aussi, au n° 14.

— Ah! mon père, quand vous aurez vu Laure, quand vous aurez causé avec elle, vous vous rapellerez ce que vous crûtes dire à un étranger, en regardant son portrait : *Née pour rendre heureux*. — Pardonnez-moi, mon père. Après ma fuite, j'ai voulu vous écrire; un an s'est passé, puis une autre année s'est écoulée, puis trois, quatre, huit années ont passé encore; une fois enchaîné dans ma honte et dans mes remords, je n'ai pas osé.... Je n'ai pas pu me débarasser de mes fers. —Mais lisez cette lettre à votre adresse, j'allais la montrer à Laure, et puis la mettre à la poste.

— Et vos moyens d'existence?

— Un nom qui déjà commence à percer, et trois tableaux au salon.

« Ecoutez, mon fils, je vous parle bien sincèrement en vous répétant que depuis long-temps vous étiez mort pour moi. Je n'ai su ce que vous étiez devenu, qu'il y a six semaines environ, et mon but, en arrivant à Paris était de m'informer seulement si la fille que vous aimez n'est pas une aventurière, si vous ne vous apprêtiez pas à déshonorer ma famille. Je voulais la voir, voir son père; (les prétextes ne me manquaient pas,) et repartir pour ma province. —Jamais vous n'eûssiez appris mon voyage; mais ma conscience m'avait commandé ce dernier sacrifice, et vous m'étiez devenu si indifférent que ce sacrifice même n'enlevait rien à ma gaîté habituelle. — Et si vous ne m'aviez pas retrouvé, Gustave, votre bonheur eût-il jamais été complet, ne vous eût-il pas manqué quelque chose?.......

— Ah! mon père!.......

— Mais voyons cette lettre : était-ce une sommation?

— Lisez.

. . . .

. . . .

— Un mois après cette entrevue, le comte et la comtesse Gabriel de Montribloud, le baron et la baronne de Vattanges, étaient réunis dans un joyeux Banquet d'hyménée, au n° 14 de la rue du *Moulin-de-la-Tour*, à Passy; et le gros monsieur à figure bourgeonnée et à nez protubérant, répétait à chaque minute, à ses voisins :

Pour une Prise de tabac, j'ai retrouvé mon fils et me suis donné une bru.

Les chemins de Fer.

XV.

LES CHEMINS DE FER.

LAISSEZ . PASSER
LA . IVSTICE . DE . DIEV

Et vous ne pleurez pas, Bardes de la patrie,
Quand le culte de l'or, honteuse idolatrie,
Jette au vent qui mugit la poudre du passé,
Décapite les saints sous leur niche de marbre,

Et, vers la croix brisée, éventre le vieil arbre
    Que dix foudres n'ont point cassé !

———

Eh bien donc, fléchissez! — Qu'il se drape et qu'il trône,
Le traitant orgueilleux que le vulgaire prône,
Dès qu'il le voit assis sur trente sacs d'écus !
Au pacha votre harpe, au vainqueur la bannière ;
— Vous, traînés à son char ou meurtris dans l'ornière,
    Poëtes, soyez les vaincus.

———

En vain, noble débris penché sur la vallée,
Le châtel sent encor sa tête échevelée,
Dans la brise du soir, murmurer et frémir :
En vain, l'humble beffroi tintant à la chapelle,
Guide le pélerin, et doucement l'appelle,
    Afin qu'il cesse de gémir.

———

Du moyen-âge, en vain, la noire basilique
Montre au peuple attendri son livre symbolique,
Les secrets du Seigneur, le paradis, l'enfer,
Et Dieu qui tient son glaive, et les anges qui prient ;

— Tombez, géants, tombez,..... les Vandales s'écrient :
PLACE, PLACE AU CHEMIN DE FER !

Manoir du paladin qui, si hautain, te dresses,
Voûtes, jubés, abris des pieuses tendresses,
Châsses, ventaux d'airain qui dormez sur vos gonds,
Donnez-leur votre chair, votre cœur, vos entrailles,
Cédez votre soleil à leurs viles férailles,
    Ou bien rampez sous leurs vagons.

— Mais il faut entâmer le champ du prolétaire,
Au pauvre il faut ravir ce petit coin de terre
Qu'il reçut d'un aïeul tout prêt à trépasser ;
Mais, de cette chaumine, il faut razer la porte,
Combler cet abreuvoir, ce puits banal..... — Qu'importe ?
    Le chemin de fer veut passer.

Et si la plainte sort d'une bouche importune :
— Il te va bien, manant, d'arrêter ma fortune ;
Je payerai....., voilà tout — dit le marchand brutal.
— En lui jetant ton or, impose-lui silence ;

Soit......, mais vas-tu peser dans la même balance
      Ses souvenirs et ton métal ?

—

Et ce prix arbitré par un juge compère,
Une fois dans la main de ce malheureux père
Qu'impitoyable et dur, tu viens d'exproprier,
Sans perte, pourra-t-il se refondre en nature,
Pour nourrir six enfants que l'automne future
      Entendra gémir et prier ?

—

Chemins de fer, métiers, fabriques, industrie,
Parlez, que ferez-vous de ma belle patrie ?
Voulez-vous la flétrir d'un joug abrutissant,
Voulez-vous, page à page, effacer ses annales,
Traitants, sucerez-vous de vos lèvres vénales,
      Sa dernière goutte de sang ?

—

Voulez-vous qu'un passé vous obéisse et tombe,
Violer tous les os endormis dans la tombe,
Du peuple, rêve à rêve, effeuiller l'avenir ?
En vos accès brûlants de cupide démence,

Voulez-vous que, pour nous, l'histoire ne commence
    Qu'à la route qui va finir ?

—

Et quand, de notre France à l'immense surface,
Vos chemins, en tout sens, auront haché la face,
Que deviendront, Grand Dieu ! le culte du foyer,
Les légendes, l'accent, les mœurs et les usages,
Tous ces types divers de races, de visages
    Que Babylone veut broyer ?

—

Tous ces groupes unis, mais nuancés de formes,
L'un par l'autre absorbés, confondus, uniformes,
Viendront, neutres et plats, s'abdiquer par lambeau.
— Eh bien donc ! que sans cesse, ils galoppent ensemble ;
J'ai vu les morts, aussi, courir..... — Mais il me semble
    Que c'était autour d'un tombeau.

—

Le sous-Préfet par intérim.

XVI.

LE SOUS-PRÉFET PAR INTÉRIM.

C'EST . MOI

C'était, en avril 1834, dans une petite ville qui avoisine Lyon.

Alors, la grande cité rugissait. Les prolétaires avaient quitté l'atelier pour gémir et pour combattre; le peuple avait dit au pouvoir :

— C'est moi..... je suis le peuple, nous avons des comptes à règler ensemble, faut en finir.

Et les places publiques devenues d'abord *forum*, furent bientôt champ-de-bataille, et toutes les bornes devenues d'abord tribunes, furent bientôt barricades, et les soldats ivres d'eau-de-vie se jetèrent sur les bandes populaires mal disciplinées, mal armées de fourches, de broches, de canardières, mais décidées à vaincre ou à mourir, et les ouvriers énergiques grimpèrent sur le toit des maisons, et il se retranchèrent dans les églises, et il y eut d'effroyables mêlées en l'air et sur le sol, et six jours de boucherie, de tocsin, de cannonade et d'incendie, suivirent une première lutte que le peuple avait offerte avec des forces si inégales.

Mais, durant que dans la cité des glorieux martyres et des joies chrétiennes, les prolétaires étaient traqués par la troupe; durant qu'un combat dont l'issue fut, un instant, douteuse *(a)* pour le pouvoir, continuait par le désespoir des uns et par la soif de carnage des autres; durant que les citoyens inoffensifs périssaient de faim, prisonniers dans leurs demeures, ou étaient couchés en joue s'ils mettaient le nez à la fenêtre pour demander secours et protection; durant que les femmes enceintes avortaient, de peur, sur leur couche, que les maisons volaient en éclats, volcanisées par les pétards; durant que ces longues rues d'ordinaire vivifiées par les rumeurs d'une population travailleuse, ces quais inondés de soleil, cette Saône si fière de ses rives, ces monuments si mornes, pleuraient des larmes de sang. — Alors, tout ce que Lyon réjouit ou attriste de son ombre, était plongé dans le deuil, les angoisses, la stupeur.

Le sous-Préfet d'une de ces petites cités qui se pressent, aëriennes et fleuries, autour de la grande ville, comme des enfants autour de leur mère, qui la regarde pour sourire ou pour pleurer,

---

(a) 2ᵉ. Journée. (Jeudi 10 avril) la même où fut agitée la question de l'évacuation de Lyon par les troupes.

pour mettre un crêpe ou un bouquet de roses à leur front, ce sous-Préfet était absent de son chef-lieu. — C'est un fonctionnaire à attributions assez larges, à position assez culminante, dans la hiérarchie administrative, qu'un sous-Préfet, bien qu'à peine trois mille et quelque cents francs, atteignent le chiffre de son traitement. — Mais l'on se fatigue vite, il faut le croire d'un proconsulat qui n'a pas une vaste rétribution pour base de ces audiences qui amènent tant d'importuns, de ces Maires de campagne bavards, et prolixes; aussi le sous-Préfet de la petite cité se trouvait, pendant la guerre civile de Lyon, à Paris, demandant, sans doute, au lieu de la croix qu'avec tant de politesse on lui offrait, une importante et lucrative préfecture..... Peut-être celle de Lille, de Strasbourg ou de Bordeaux. — Que sais-je, moi? — L'homme se connait-il jamais, et un sous-Préfet s'est-il jamais à lui-même avoué qu'il ne pourra pas arriver à la Gironde, avant d'avoir, au moins, passé par Aurillac et Gueret?

Un de ces hommes de loisirs, de bon vouloir

et de localité qui sont toujours prêts à boucher un trou; remplaçait momentanément le magistrat solliciteur. C'était un honnête et bon bourgeois, avide d'honneurs en son endroit, de places gratuites, d'une vanité chatouilleuse au poil, mais innocente au fond, conseiller de l'arrondissement, bien entendu, et, pour la vingtième fois de sa vie, délégué pour régir par intérim, cette circonscription territoriale. Dans les temps calmes, c'est un véritable plaisir de propriétaire, que celui de venir chaque jour, grave et empesé, en enflant les joues et jouant le personnage, trôner dans un hôtel de sous-Préfecture, pendant deux heures, de traverser les bureaux au milieu des coups de chapeaux des employés; de gourmander un commis retardataire et de signer son courrier. Si quelqu'un savoura jamais avec délices une importance de quelques semaines, ce fut notre gros et radieux intérimaire. Lui d'ordinaire si indolent, si ami de la table et du *farniente*, il volait à la besogne, pour ouvrir la correspondance du ministre et les dépêches de la préfecture, et quand, le rencontrant sur la place publique, un vieux camarade lui proposait un progressif déjeûner. — Mes devoirs m'appellent mon cher, à l'hôtel de la sous-Préfecture; je donne audience d'onze heures à une, répondait le délégué.

Mais une estafette arrive à la sous-Préfecture, un beau matin, et dit au sous-Préfet par intérim:

— On se bat à Lyon.

Mais un second courrier arrive, haletant à la sous-Préfecture, et s'écrie :

— Les ouvriers sont maîtres de plusieurs points de Lyon.

Mais deux jours se passent et l'on ne reçoit plus d'estafette. Seulement du chef-lieu de département dont la petite cité dépendait, arrive un ordre préfectoral, qui enjoint au délégué d'avoir à sauver son arrondissement en péril.

C'est qu'à Lyon, voyez-vous, le peuple qui est quelquefois roi, avait brisé les télégraphes avant de livrer bataille, c'est que l'État-major militaire municipal (a), judiciaire et administratif, était en permanence, gardé par des soldats, mais hors d'état de pouvoir communiquer avec l'extérieur.

Hélas! à quelles incroyables calamités fut alors en proie cette magnifique ville dont tous les habitants, pauvres canuts étiolés dans la fabrique ou accroupis dans la soupente, riches négociants jetant l'or par millions, dans leurs coffres, ou nobles rentiers ayant leur pied à terre en Bellecour et leur tente au soleil, sur le côteau de Sainte-Foy, dont tous les habitants, dis-je, sont poètes, puisque, tous, ils ont la prière dans le cœur! Que de femmes mitraillées, lorsqu'elles allaient porter de la charpie à des blessés, que de petits enfants moulus dans les décombres, et vomis en lambeaux par les crevasses béantes des maisons embrâsées! — Peuple de héros c'est donc à toi que viendront se prendre tous les déchirements révolutionnaires, ce sont

(a) Le pouvoir municipal se résumait alors dans M. Vachon-Imbert, 1er adjoint.

donc tes rangs qu'ils ont choisis pour les décimer!
ô Lyonnais, ô mes frères, est-ce votre dernière
heure qui sonne, ou Dieu veut-il par une épouvantable, mais dernière épreuve, faire, à tout
jamais, conquérir, dans le ciel, à votre glorieuse
cité, ce nom de seconde Rome ; (ALTERA ROMA),
que lui a donné la terre ?

Et, tout autour de Lyon, quelles agitations,
quelles anxiétés! — Et ces courriers qui, de tous
les départements limitrophes et voisins, venaient
dans les faubourgs de la ville insurgée, recevoir des nouvelles, et à qui la canonnade répondait :

ON SE BAT TOUJOURS.

— Et ce Rhône dont, habituellement, chaque
vague est une voix retentissante, coulant rouge,
lent, plaintif et murmurant, dans son vieux lit
mi-partie ségusien et mi-partie allobroge. — Et
cette odeur de carnage et de poudre à canon qui
s'exhalait à huit lieues à la ronde. — Et ces cen-

dres et ces flammèches que le vent soufflait sur les villages désolés. — Et cette nuée de feu, immense phare annonçant au loin l'incendie de Plancus. — Et ces forts détachés qui tonnaient sans cesse et faisaient trembler jusque dans leurs entrailles, les collines enchantées qui épurent l'atmosphère lyonnaise. — Et ces feux de file dont la lugubre monotonie portait l'épouvante dans les cœurs. — Et ce ciel terne d'Avril qui ajoutait une solennelle tristesse à la solennité des catastrophes. — Et ces cris d'agonisants, ces sanglots de blessés, qui venaient, confus et éteints, mourir dans le bosquet de la vallée......... Oh! quel horrible drame pour les malheureux enfermés dans le théâtre de la lutte! Oh! quelle funèbre poésie pour les spectateurs inoffensifs, groupés sur toutes les montagnes environnantes, qui voyaient des ruines et des cadavres au fond de leurs télescopes; mais ne savaient rien des événements et n'osaient préjuger une péripétie!!!

Dans la petite ville momentanément veuve de son sous-Préfet, profonde était la terreur. Du haut de la roche Tarpéïenne qui la domine; aux flammes qui tantôt bouillonnaient ou rampaient sur leur flancs, et tantôt, s'élevaient cinglantes et raîdes dans les airs, à travers des flots de fumée, on eût pris pour le Vésuve irrité, les côteaux unis de Saint-Irénée et de Fourvières. — Et l'on se demandait si la céleste patronne de Lyon avait abandonné ses enfants, si son autel était encore debout, si quelques combattants réfugiés et criant *mercy* dans sa chapelle, échappaient à la mort, ou s'il n'y avaient que sang et débris à la place du sanctuaire parfumé de bénédictions.

Mais la petite ville, elle aussi, était devenue menaçante : comme le lionceau qui gronde, dès qu'il entendit rugir son père, elle se remuait et palpitait. Ses casernes étaient vides, car sa garnison l'avait laissée pour voler à la grande cité; et puis elle nourrissait, dans son sein, une classe ouvrière nombreuse qui sympathisait, avec l'émeute et applaudissait tout haut le patriotisme de ceux qui défendaient la cause populaire. Des hommes déguenillés, à l'œil hagard et féroce avaient parcouru ses rues en vociférant, des femmes aux sordides vêtements, (et ces femmes sont des tigres les jours de révolution,) avaient promené le drapeau noir dans ses carrefours, des ouvriers avaient essayé de sonner le tocsin dans les églises; leurs mains calleuses se pressaient les unes dans les autres, leurs bras nerveux s'entrelaçaient; ils passaient et repassaient en cohortes toisant les hôtels du riche et heurtant les habits fins, ou venaient, masse tumultueuse et compacte, s'arrêter sur la place publique. — Ce n'était pas sans motifs, que plusieurs prolétaires s'étaient détachés des groupes pour aller battre la campagne, et du jour où l'on vit, sur les montagnes voisines, des hommes sans chemises, sans souliers, munis de longues vues, regarder, inquiets, à l'horizon, observer bien moins encore le siége de l'insurrection, que les routes qui y conduisent, on put dire qu'ils attendaient un signal, du renfort et des sympathies armées, pour marcher vers Lyon. — D'ailleurs les bruits les plus sinistres circulaient : Paris avait proclamé la république et placé le bonnet rouge sur le dôme des Tuileries; Châlon-sur-Saône descendait en toute hâte, du côté de la seconde ville du royaume; Marseille, Saint-Étienne, Grenoble, venaient, à marches forcées, prêter main forte aux ouvriers lyonnais; à Lyon, les principaux fonctionnaires étaient égorgés et le peuple régnait presque.....

Que faisait, en ces tristes conjonctures, notre importance locale investie temporairement des fonctions de sous-préfet? Posait-elle, en sénateur, sur sa chaise curule ou, autocrate de circonstance, se laissait-elle aduler par un maire de campagne jaloux d'obtenir une signature? — Oh! il tremblait de tous ses membres, le sous-préfet par intérim; pâle, muet de terreur, il était venu abdiquer son autorité discrétionnaire et sa puissance exécutive, dans le sein du conseil municipal qui s'étant déclaré permanent, veillait, jour et nuit, à la maison-de-ville. — Tous alors étaient en permanence; le père de famille au coin de son feu, les lecteurs de journaux dans leur *cercle*, les consommateurs dans les cafés, le peuple dans les cabarets ou dans les rues. — Ainsi, par un singulier renversement d'attributions, la dictature qui appartenait au sous-préfet se trouvait tout entière dans une assemblée de prud'hommes, et le conseil municipal d'une commune donnait ses ordres à un arrondissement, avec la formule illusoire d'une signature d'intérimaire. — Mais alors, dans ces jours d'anxiétés et de périls, quel pouvoir était défini et certain, quelle loi pouvait être invoquée, quand on ignorait, à cinq lieues de Lyon, si, dans une partie de la France, le fait n'avait pas remplacé le droit consenti?

Avec quelle douleur notre timide délégué envisagea la responsabilité qui pesait sur sa tête! combien de fois il regretta sa vie privée, combien de fois il maudit ces fonctions qui ne mettaient pas un écu dans sa poche et le dévouaient aux dangers?

Mais l'émeute siffle dans les rues de la petite ville; les ouvriers hurlent; ils veulent refouler les troupes qui vont servir d'auxiliaires aux soldats épuisés dans Lyon; ils délibèrent sur la place. — Au délégué à haranguer la multitude; au délégué à conjurer l'orage. — *Gasparin* au petit pied, *Vachon-Imbert* de l'endroit, sans retard, il faut se montrer aux prolétaires. — Mais les hardies et fermes résolutions des magistrats de Lyon n'étaient pas dans la tête du malheureux délégué..., malade, attéré, il était prêt à fuir, lorsque le conseil municipal fit porter dans le forum, ce simulâcre de fonctionnaire.

Heureusement, se trouvait, dans le conseil de la commune, une de ces capacités courageuses qui résument toutes les décisions dans leur sentiment : ce fut cette capacité qui, par ses mesures, sauva la cité et son arrondissement. Heureusement encore, la garde nationale plus nominative que réelle du lieu, avait pour commandant un de ces hommes que le peuple aime et révère, aux jours des révolutions, parce qu'au peuple il tend sa main, dans les jours de paix, parce qu'il le secoure et le protège. Cette popularité monta à cheval, parla aux masses, pendant que le délégué se cachait le visage, en agitant son chapeau, et les ouvriers reprirent le chemin de la fabrique, et les soldats entrèrent dans le chef-lieu d'arrondissement, sans que le plus faible obstacle s'opposât à leur passage. — Peut-être, les prolétaires qui revinrent de la montagne et annoncèrent à leurs camarades que rien n'était sur les routes voisines tendant à Lyon, que des bataillons de troupes réglées, contribuèrent-ils autant que la harangue du commandant, à la prompte cessation des menaces populaires....

Quant au pauvre délégué, après sa muette démonstration, plus il ne reparut à l'hôtel de la sous-préfecture, plus il ne reparut à la maison-de-ville. Il se barricada dans sa demeure, et prétexta une fièvre violente pour n'en pas sortir.

— Essayez, aujourd'hui, d'en faire un sous-préfet par intérim.....

Deux mois après, notre homme portait, dit-on, (mais je ne puis le croire), un ruban rouge à sa boutonnière.

Et toi, peuple de Lyon, repose, va repose toujours dans une paix que tant de têtes ont payée. Ne te fie plus aux faux amis, aux étrangers qui t'ont perdu. — Tu croyais te battre pour la liberté, et l'anarchie était le vœu de tes chefs. Tes magistrats veillent à ta sûreté, tes besoins sont prévus et l'industrie t'ouvre ses cent bras pour y pourvoir; tes églises si sublimes de culte, ont survécu pour tes pieuses tendresses : par Notre-Dame de Fourvières, par le poteau de Sainte-Blandine, par les cryptes des Irénée et des Pothin, ne trouble plus le monde.

Séance publique d'une académie de province.

XVII.

SÉANCE PUBLIQUE

D'UNE ACADÉMIE DE PROVINCE.

RESPECT. AVX
MORTS

L'Académie s'est réunie, pour sa séance publique annuelle, dans la grande salle du Musée, devant une assemblée nombreuse et choisie de dames élégamment parées, de fonctionnaires, de citoyens considérables par leur rang et leurs lumières, et de savants étrangers. Parmi les personnages éminents qui honoraient de leur présence cette solennité littéraire, on remarquait Monseigneur l'évêque, M. le maire, M. le lieutenant-général comte de *** commandant la division et M. le maréchal-de-camp baron *** commandant le département, tous les quatre membres honoraires de l'académie. On regrettait vivement que son grand âge n'ait pas permis à M. le premier président de la cour royale d'assister à la séance, et que M. le recteur de l'académie universitaire fût malade.

A une heure moins un quart, MM. les académiciens viennent successivement s'asseoir sur leur fauteuil, et à une heure précise, M. le président de la docte compagnie, agitant sa sonnette, dit d'une voix tremblotante :

— La séance est ouverte. — La parole est à M. le préfet.

Pendant que M. le préfet se mouche, fait au public un salut quasi-officiel, tire de sa poche une feuille de papier et lit, pour discours d'ouverture, une courte mais convenable allocution commençant inévitablement par ces mots :

— Messieurs, je m'estime heureux...... et finissant par ceux-ci :

— Il y a de l'écho dans cette encèinte, quand on parle de civilisation graduelle et de sages progrès. Continuez, messieurs, à travailler au perfectionnement des sciences et des lettres, c'est le vœu du Roi dont vous savez apprécier la haute et paternelle sollicitude.

Eh bien donc, nous, durant cette harangue d'un ancien rédacteur du *National*, devenu préfet, nous spectateur ou plutôt auditeur obscur et bénévole, caché dans la tribune du logogriphe, analysons un peu toutes ces têtes de savants.

D'abord, jetons un coup d'œil sur la salle; elle est entièrement garnie de tableaux ; mais le sanctuaire académique est pavoisé d'inscriptions latines et de drapeaux qui ombragent un énorme buste en plâtre du monarque régnant. Une grande table verte s'élève sur un gradin, et autour de cette table, posent, sérieux et attentifs, dans de vieux fauteuils d'hoiries, d'abord M. le président d'honneur, puis M. le président annuel, puis MM. le secrétaire perpétuel et le secrétaire-adjoint, puis encore les simples membres titulaires de la célèbre compagnie. Derrière les immortalités, la plupart moribondes qui siégent sur ces fauteuils, surgissent quelques immortalités reconnues par la postérité, ce sont des bustes de grands hommes.

Quel est ce gros monsieur dont une visière huileuse de taffetas vert ceint le front, et qui, à chaque repos de l'orateur occupant la tribune, s'apprête à applaudir? — C'est un ancien négociant que vingt mille livres de rente et quatre édilités de conseil municipal et de conseil de fabrique, ont amené à l'académie, pour y faire de l'art et de la littérature. Et ce petit être serré dans son habit noir comme dans une gaîne, ayant des lunettes d'écaille sur le nez, qui se meut, gesticule et sourit sans cesse? — C'est le rédacteur en chef d'un petit journal de *chiens perdus*, qui, demain, donnera six colonnes de sa feuille au compte-rendu de la séance publique, et les deux colonnes restantes aux *ventes par autorité de justice* et au *sirop pectoral*. Et ce savant qui regarde les dames avec son lorgnon et joue avec sa clé de montre? — Il est architecte et peintre, en même temps, comme fut Michel-Ange; de plus, il est voyer de la cité de céans et artiste officiel du lieu. Classique jusqu'au radicalisme, bien entendu, il s'honore de sa fidélité au culte de David, en peinture, et à celui de Percier en architecture. Montrez-lui un Decamps ou un Gigoux, il fera fi! Quand on lui apprit la triste fin de Léopold-Robert, il répondit : « encore un songe-creux de moins. » N'oublions pas de dire qu'il est, par cumul, directeur de l'école municipale de dessin et professeur à l'école des beaux-arts. Au reste, vous pourriez, dans cette enceinte même, voir deux croûtes de cet artiste, si elles n'étaient pas cachées par des drapeaux, vous trouverez à l'église cathédrale une *assomption de la Vierge* due à son pinceau. Si vous allez à cette église; je vous recommande la chapelle de Saint-Marcel que le Lussan de la province a restaurée. Dans un monument du XIIIe siècle, il a confondu toutes les nuances du type improprement appelé *gothique*, amalgamé le galbe du XIVe siècle aux profils du XVe, si différents de tons et de richesse, il a mis sur le retable d'autel des ogives en nombre pair, il a donné pour fond à ses ornements en trèfles du contre-retable, un marbre jaune de Sienne, enfin il a placé une rosace de la renaissance dans un quatre-feuilles *gothique*, à côté de plusieurs arabesques qui sentent le Louis XV. Cet homme, d'ailleurs, n'aime pas le *gothique;* il dit hautement, il écrit, il professe ses chaudes antipathies pour ce type : il le trouve stupide, et quand il peut placer une belle colonne corinthienne sous une ogive, il se félicite d'un triomphe remporté par le bon goût sur la barbarie.

Et ce savant qui tient une plume fixée sur son

oreille, comme un commis, chuchotte souvent et prend des notes fugitives? — Monsieur le professeur de littérature française à la Faculté des Lettres, le plus rude adversaire qu'ait eu le romantisme, auteur d'une brochure sur je ne sais plus quelle *influence* et d'une autre sur les *romantiques* et le drame actuel — patience, vous l'entendrez tout à l'heure, l'emphatique et pédantesque éloquence du rhéteur.

Et ce vieillard qui porte un bonnet de soie noire sur sa tête, laisse son menton qui branle, baigner dans une écritoire, et met ses mains autour de ses oreilles, pour recueillir les sons qui leur arrivent éteints et confus? — C'est un ancien président à mortier en cour de parlement : ce fut lui qui en 1793, sauva les régistres de l'académie.

Mais cet élégant d'une quarantaine d'années environ qui dans une large tabatière d'or, puise, à chaque minute, une prise qu'avec bruit il aspire, qui porte à sa boutonnière un ruban rouge démesurément ébouriffé, au doigt annulaire de sa main gauche, une bague à large chaton, et à sa chemise, un énorme camée pour épingle, quel est-il? — C'est le docteur par excellence, le médecin du beau monde, donnant ses audiences à heure fixe, et faisant ses visites en cabriolet. Médecin en chef de l'hôpital civil et conservateur du jardin botanique, de plus, président de la société linnéenne, il a toujours en poche quelque bon mémoire sur les fièvres, quand il parait à l'académie.

Et sur ce jeune homme proprement vêtu, qui se frotte continuellement les mains et tient un manuscrit roulé, orné de faveurs roses, enfin, pourriez-vous me donner quelques renseignements? — Oh! pour celui-là, c'est le poète officiel et volontaire de l'académie; depuis qu'il a l'honneur d'appartenir à ce corps, jamais compte-rendu des travaux sociétaires n'a été publié sans une élégie lyrique du crû de ce Properce. C'est le faiseur de sonnets, de madrigaux, de ballades, de bouts rimés et de petits vers bien plats et bien ridicules, le conteur de facéties, de nouvelles prétentieuses et fades où l'on ne trouve pas un germe de pensée, mais beaucoup de burlesques et prolixes imitations. — Est-il romantique, est-il classique? — Il n'est rien qu'un sot présomptueux, mais caressant pour toutes les vanités, compère de toutes les camaraderies. Ce jeune homme, un beau matin, a rêvé qu'il avait une vocation littéraire, et il s'est mis à écrire, et il a joué la mélancolie, et il a parlé de poésie intime. Du reste, ancien rédacteur d'un journal politique tué par les désabonnements, fait à coups de ciseaux, farci de lieux communs et de cette phraséologie convenue qu'apporte toute stéréotypée le courrier de Paris, il songe maintenant à la décentralisation et à la résurrection intellectuelle des départements, ignorant, sans doute, que pour élever un Paris provincialiste à côté du Paris monopole, il faut non pas du fatras d'école, mais des hommes de progrès véritables, d'avenir, des hommes actuels, à mérite intrinsèque et à nobles convictions. Oh! le petit personnage il aura beau se boursoufler, il aura beau singer Achille Allier, son journal est mort avant d'avoir vu le jour. Peut-être de rares amateurs dévoués à encourager la presse locale quelle qu'elle soit, viendront-ils souscrire à sa *revue:* mais s'engageront-ils à la lire? Pour qu'une œuvre provincialiste ait vie, il est nécessaire qu'elle soit une conception organique, qu'une puissance incontestée, qu'un nom retentissant plante la bannière.

Cependant, M. le secrétaire perpétuel lit, d'une voix forte et grave, le résumé analytique des travaux académiques de l'année. Beaucoup de dissertations appartenant aux genres *charrues, seigle ergoté, notices historiques ou biographiques*, beaucoup de *fables*, de *veillées poétiques* de *traductions en vers libres* (les poètes des académies de province s'attaquent volontiers à la fable), de compilations grammaticales et philologiques, beaucoup d'envois de médailles trouvées dans un sillon, emplissent cette lecture. A chacun des membres résidents, un éloge pompeux : — à celui-ci la qualification de grand poète pour ses pastorales ou son ode champêtre, à celui-ci le titre de profond archéologue, pour avoir tiré de sa poussière un parchemin, à cet autre le coup d'encensoir et l'épithète d'ILLUSTRE pour son mémoire sur le *brouet* et le *vin solide* des Grecs. Toujours, notre *infatigable confrère*, — cet honorable érudit, — ce zélé collègue, — ce prodigieux savant.

M. l'officier de plume de l'académie passe au concours ouvert par elle, après avoir rapidement indiqué les pertes irréparables que le corps a éprouvées durant l'année qui vient de s'écouler. Le sujet du prix de prose était :

« De l'influence future que les chemins de fer exerceront sur la littérature nationale. — Les concurrents devront.......... »

Ce sujet avait des entrailles; mais le programme les avait arrachées, en réduisant la question à un squelette.

Le prix de poésie demandait :

Une ode à la chimie.

Bien choisi par Dieu! mine riche, puissant attrait pour ces harpes éoliennes qui ne manquent jamais de s'inspirer du positif!

« Un seul mémoire, dit M. le secrétaire perpétuel, avec cette épigraphe : *Adieu poésie du passé*, sur le sujet du prix de prose, est parvenu à l'académie. Jugé avec cette haute impartialité et cette profonde sagacité qui vous caractérisent, messieurs, par la commission du concours, d'abord, ensuite par tous les membres de la compagnie, ce mémoire est sorti de la double épreuve, sans vous paraître mériter la couronne offerte par l'académie. L'auteur de cet écrit appartient à cette école ambitieuse, obscure, aventureuse et folle que tous les gens de goût ont blâmée. Au lieu de se renfermer dans le vœu qu'exprimait si explicitement votre programme, au lieu d'en comprendre l'esprit, au lieu de se réjouir avec nous du développement promis à la littérature par la fusion de toutes les couleurs sous-nationales en une seule, il s'est plu à saisir la question à rebours, à douter de l'avenir, à pleurer le passé, à déplorer la perte prochaine des *vieilles individualités provincialistes*. Vous n'avez dû voir dans cette production qu'un thême larmoyant, et au lieu d'un panégyrique que vous attendiez, vous avez obtenu une élégie en prose tout à fait indigne de vos récompenses.

Il fallut bien croire sur parole le docte organe de l'académie, car, par une précaution sublime d'à-propos, il ne motiva par aucune citation le verdict de la compagnie.

« Les poètes ont entendu votre appel, continua M. le secrétaire ; mais ici, plus heureuse, l'académie a des éloges et une palme à décerner. Onze concurrents se sont présentés dans l'arène. Les n°⁵ 3 et 7 ont amené des poèmes élégamment versifiés, mais un peu dénués de chaleur et de ce noble enthousiasme qui constitue l'ode, d'après les règles des législateurs du Parnasse :

L'ode avec plus d'éclat et non moins d'énergie,
Élevant jusqu'au ciel son vol ambitieux,
Entretient dans ses vers commerce avec les dieux.

. . . .

Son style impétueux souvent marche au hasard,
Chez elle, un beau désordre est un effet de l'art.

« Le n° 4 a balancé un instant vos suffrages pour le prix; mais le concurrent malheureux dans le choix de son rythme, a quelquefois torturé ses pensées pour les assujétir à la mesure, et votre préférence s'est fixée sur la pièce inscrite sous le n° 9. »

« Vous avez donc accordé une mention honorable au n° 4.

— M. le secrétaire prie M. le président de vouloir bien dépouiller le billet cacheté joint au poème, et M. ***, sous-lieutenant au 2ᵉ régiment d'infanterie de ligne, est nommé dans le silence recueilli de l'assemblée.

— Ah! M. le secrétaire perpétuel, nous donnerez-vous donc au moins un échantillon du savoir faire poétique de ce militaire qui, pareil à l'honorable M. Viennet, tient à la fois la lyre et le glaive?

« Quant au poème n° 9, avec cette épigraphe :

Tout m'inspire

vous avez cru reconnaître, messieurs, dans le talent soutenu de son auteur, la manière et le tour poétique d'un lauréat habituel de vos solennités académiques, de celui dont la jeune tête plie sous le faix de glorieuses couronnes.

— M. le président ouvre encore un transparent billet, et le nom de M. BIGNAN est proclamé au milieu des applaudissements unanimes de...... l'académie.

« Que CE GRAND POÈTE reçoive ici nos félicitations et nos encouragements. Voici, messieurs, la huitième palme que vous décernez à cet intrépide et redoutable athlète. Ah! que n'est-il présent à cette séance, pour jouir de son triomphe et de votre bonheur? — Nous allons vous lire l'ode de M. Bignan.

Il me serait impossible de reproduire ce poème, car, pendant que M. le secrétaire le débitait de son mieux, moi, je me pris à examiner tous ces groupes d'auditeurs qui interrogeaient leur montre, toutes ces jolies femmes de l'assemblée, qui dormaient. — C'est si suave à voir, une jolie femme qui sommeille légèrement, la tête penchée et l'œil fermé!

Cependant il se fit un renouvellement au scrutin, du bureau annuel de l'académie; et M. le professeur de littérature française à l'académie universitaire, parut à la tribune. — Son discours eut un immense mérite, il fut court, et roula sur la *littérature du siècle de Louis XIV*, sujet neuf et à effet, surtout pour ceux qui ont lu Ste-Beuve. Il y eut beaucoup d'admirations classiques et d'euphonie oratoire dans ce discours, le tout encadré entre un exorde, une exposition, une division, une conclusion et une péroraison bien sentencieuse et bien académique.

Quand l'orateur eut fini, tout l'auditoire crut que la séance était levée, et se précipita vers la porte. — Mais M. le président agita vigoureusement sa sonnette et annonça qu'on avait encore à écouter 1° un essai sur la *formation des lettres onciales*, 2° une fable, 3° une ballade. — Peine perdue, on ne put pas rallier les fuyards et en moins de dix minutes, la défection des assistants fut complète. — Pour moi, je fis d'inutiles efforts pour échapper à ma tribune, un importun m'y retint, et il me fallut subir la *formation des lettres onciales*.

Que vous dirai-je du galimathias et du grimoire de ce savantasse qui eut la constance de parler pendant une mortelle heure et demie dans le désert? chaque phrase sortant avec peine de sa lourde mâchoire, était un lingot de plomb, et puis toujours, le récit principal s'interrompait par les plus interminables notes qu'on pût concevoir. Tant exubérante que fût son érudition, tant ennuyeuses que fussent ses citations, tant compilée que fût toute sa science, notre homme ne me fit pas grâce d'une seule ligne, et il ne céda sa place à la poésie que lorsque le manuscrit lui manqua.

J'avais presque fini par me résigner à mon sort, lorsque deux derniers coups d'assommoir vinrent fondre sur ma tête : la fable touchante d'un marquis-amateur, et la ballade du poète obligé de l'académie.

Ces deux pièces étaient le bouquet du festin.

— La séance est levée. —

— Dieu soit béni! — Partons bien vite, dis-je à l'importun qui m'avait tenu captif dans sa tribune.

Et voilà ce qu'est la séance publique annuelle de certaines académies de province.

En sortant du Musée, un homme nous tendit une brochure imprimée. — C'était le discours sur *les chemins de fer* que son auteur, préjugeant les dédains académiques, avait livré à l'impression, et faisait distribuer gratis au public, cour suprême qui, presque toujours, casse les arrêts des académies.

Et, je le demande à toute cette jeune et neuve génération qui marchant en tête du mouvement spiritualiste et civilisateur de l'époque, rêve de nouvelles formes pour la poésie, pour l'architecture, pour tout ce qui vient de l'ame et du cœur, qui ne comprend pas de littérature si elle n'est avant tout nationale et SOCIALE, qui renouant aux souvenirs du passé, les espérances de l'avenir, réchauffe les respects populaires, et recueille pour les rendre aux masses, par les lettres, toutes les traditions à demi effacées de religion et de foyer. Je le demande, à quoi servent certaines académies de province? — Pour quelques-unes de ces compagnies qui, comme celles de Rouen, de Marseille, de Lyon, de Dijon et de Besançon, comme cette académie du Gard qui s'est illustrée en appelant Reboul dans son sein, comme la société d'émulation de Cambray, renferment en elles de patriotiques capacités et vivent sous le rayonnement d'une pensée fécondante, combien de sociétés littéraires sans littérature, combien de titres sans œuvres! Jusques à quand ces académies croiront-elles à leur puissance, parce qu'une foule plus curieuse que prestigiée se presse à leurs séances publiques, à peu près comme on va à la morgue, pour voir des morts?

Une supériorité convenue qu'on dit propre à tout, qui écrit sur les prisons, sur les monuments, sur le système pénitentiaire, sur les fers et les boissons, sur l'histoire provinciale et la métaphysique, sur le droit et la biographie, ou, dans de plats et stériles annuaires, unit au style brillant et pittoresque du *Messager boiteux*, quelques documents officiels à l'usage des conseils municipaux et des maires. — Des antiquaires dont la perruque n'a encore quitté ni la Grèce ni Rome, d'autres antiquaires qui, par respect pour l'archéologie écriront *feuvrier* sur un diplôme, mais ne parlent ni le français de l'époque actuelle, ni le français du moyen-âge, et ne savent pas distinguer un arc byzantin d'un plein-cintre de la renaissance. — Des architectes qui mutilent tout ce qu'ils touchent et rappellent le détestable goût des jésuites (a); un archiviste qui croit tenir tout l'art du passé et toute la pensée de l'histoire dans ses paperasses, et donne un démenti formel au profil, quand il a trouvé une charte dans ses tiroirs, sans se douter que la charte parle d'une base et non d'une soudure. — L'érudition fagotée qui écrase, ou la fatuité rimée qui fait gémir, ou l'impertinence qui monte sur des échasses. — Un gros de savants équivoques qui n'ont pas signé une seule ligne de leur nom, de pitoyables vanités qui réciproquement s'encensent, des puissances infusoires qui s'agitent en d'oiseuses discussions, une ou deux mains avides qui résument en elles et monopolisent les haran-

---

(a) Toutes les églises bâties par les jésuites sont reconnaissables à leur ridicule et détestable ornementation. Ce sont eux qui ont inventé le genre *chapelle au Sacré-Cœur* avec ses accessoires.

gues, les discours d'apparat et les comptes-rendus, de mesquines rivalités qui s'offensent du contact d'un homme de cœur, des camaraderies jalouses, des coteries ivres d'ignorance qui vous annulent si vous les subissez et vous déchirent si vous les démasquez.

Voilà, oui voilà ce que sont malheureusement quelques académies de province. Que si une jeune réputation voulait s'asseoir à côté de ces renommées gaspillées et effleurer leur manteau, on lui crierait : — Haro, la place est prise. — Que si une harpe dont l'avenir recueillera les sons, que si une capacité digne d'éloges et d'encouragements, leur demande protection et faveur, on la repoussera durement. Que si au contraire, cette capacité ne les croit pas dignes d'un coup de chapeau, et les dévoue au ridicule, on s'insurgera contre elle.

Ah! il y a encore en France bien des faits rétrogrades et à significations puériles, qui cesseront. Tant que Victor et Dumas ne seront pas à l'académie française, et qu'en raison même de cette exclusion, le premier sénat littéraire du pays ne pourra pas être sérieusement considéré comme le sanctuaire de ses gloires poétiques; tant qu'une chaire d'archéologie nationale ne sera pas créée au collége de France; tant que nous n'aurons ni organisation historique régulière, ni musée d'architecture comparée; tant que l'académie des Inscriptions continuera à se recruter de Grecs ou d'Égyptiens, et celle des Beaux-Arts, des inepties de l'Empire; tant qu'il y aura, en matière d'arts, des concours jugés par les pots-de-vin; tant que le conseil des bâtiments civils subsistera, avec les éléments que nous lui connaissons, bien des réformes et des améliorations seront à naître.

Espérons toujours, espérons, ô mes jeunes amis, marchons dans l'avenir avec confiance, et inscrivons sur notre cornette, cette devise empruntée au cri de ralliement du bon duc Louis II de Bourbon :

ALLEN — TOVS . ENSEMBLE

A propos d'une Basilique.

XVIII.

A PROPOS D'UNE BASILIQUE.

PAR. LES. NOSTRES
DAIMES. D'AMIENS. DE. RHEIMS
ET. DE. ROVEN

La cathédrale d'Amiens est le prototype de l'architecture nationale : tout le moyen-âge est en elle — le moyen-âge avec ses naïves légendes, ses prélats de cuivre couchés dans leurs tombeaux, ses drames de pierre, son histoire des rois de France, son histoire des saints, ses martyrologes de pierre, ses épopées de pierre, ses épigrammes de pierre, ses bibles de pierre, son astronomie de pierre, sa philosophie de pierre, sa législation et ses moralités de pierre.

Il n'y avait pas de livres, il n'y avait pas d'enseignements et de littérature populaires, lorsque Évrard de Fouilloy, 45e évêque d'Amiens, posa en M CC XX, le premier moëllon de l'arche auguste que nous voyons aujourd'hui sortie victorieuse d'une lutte de six siècles contre les révolutions des hommes et les tempêtes du ciel; toute la sève du génie français circulait donc dans l'architecture et dans les arts qui en dérivent. — Ce qui rend le type français si sublime et si incroyable, ce qui fait que l'artiste qui comprend bien ses sens et sa portée, l'aime d'un amour exclusif, passionné, c'est ce caractère d'universalité et d'infini qu'il porte écrit sur sa tête et caché en ses saintes et mystérieuses profondeurs. Il y a des hommes qui demeurent froids devant la basilique du XIII® siècle, il y a des hommes chez lesquels le principe divin qui dort au fond de nous tous, pâtres et artistes, ne s'exalte pas en présence de cette immense personnification matérielle de la société catholique, ceux-ci n'écouteront pas ma voix, car le symbolisme biblique des églises christo-romanes et le symbolisme de nouveau Testament des temples d'école française, ne sont pas une langue pour eux, car peu leur importe le rôle de prédicant et de législateur qu'a joué l'architecture dans les trois siècles virils du moyen-âge; peu leur importe qu'une plume patriotique, consciencieuse et chaude prouve que cet art admirable appartient au pays; à cette plus incontestable et plus pure de nos gloires nationales, ils sont fort indifférents, pour ne pas dire hostiles, — mais l'impulsion est donnée, et tôt ou tard il faudra bien qu'ils la subissent. — Le classicisme a été chassé de la poésie, cette chose ineffable qui commence où le positif finit, il a été chassé de l'Opéra, il a été chassé de l'histoire : tous les jours nous prions Dieu, à mains jointes, pour qu'on le chasse de l'Académie. —

La révolution s'est opérée en musique, en littérature, pourquoi la révolution archéographique n'arriverait-elle pas à la surface?

Quand on sera bien pénétré, comme moi, de cette vérité fondamentale que la forme littéraire, c'est-à-dire l'expression sociale était toute dans l'architecture, au moyen-âge, on ne trouvera pas extravagant, bizarre, que je voie presque dans l'église de Notre-Dame d'Amiens, le résumé de tous les livres que l'on a écrits depuis la renaissance jusqu'à nos jours. Montaigne, Rabelais, Guy-Patin, Mézeray, depuis le persifflage de la minorité de Louis XIV, jusqu'aux ïambes et à la satire inexorable de Barbier et de Barthélemy, œuvres et écrivains, tout cela est en germes dans notre magnifique cathédrale. Il n'y avait pas si loin qu'on le pense de ces artistes qui riaient des moines et les faisaient grimaçants et immondes, à notre Monnier; du jour où il prit fantaisie à un pauvre *tailleur d'ymaiges* de mettre une chappe sur le dos d'un cochon, la caricature fut trouvée, le libelle, la critique et le feuilleton furent devinés.

Le premier sentiment que l'on éprouve en entrant dans Notre-Dame d'Amiens, est celui de l'oppression. Rien, que je sache, n'est fatigant comme la stupeur admirative, quand elle manque de repos. Il arrive à l'observateur qui, après avoir regardé en bloc, ce peuple de statues, assiégeant le frontail, pénètre dans l'intérieur du temple, précisément ce que ressent le lecteur inhabitué, dans les salons de lecture de Galignani — 18, rue Vivienne. — Vous lisez attentivement l'unique feuille ou les deux journaux qui paraissent, chaque matin, sur votre guéridon avec votre tasse de chocolat; mais chez Galignani, vous ne savez quelle *revue* accepter, vous avez disette dans l'abondance et soif dans le fleuve. — Ainsi de la cathédrale d'Amiens, cette vaste pétrification de l'immensité céleste, ainsi de ce prodigieux vaisseau qu'on est forcé d'épeler comme un manuscrit de M C XL, qui vous noie dans un océan de bas-reliefs, de colonnes fuselées, de chapiteaux, de nervures, de dais et de travées. Ce n'est qu'au bout de plusieurs jours passés sous sa vieille ombre, que l'on parvient à débrouiller le monument. — Oh! que l'homme est petit dans ce grand édifice! comme il tremble devant l'éternité du sanctuaire et sur cette route sainte de la nef!!

Je l'ai vue et revue, cette église modéle que les dévastations de 1793 ont presque épargnée, que Charles-le-Téméraire fit respecter par son artillerie (*a*), avec laquelle tant de rois et tant de reines sont venus comparer leur immortalité d'un jour. Après de longues explorations, de fréquents et curieux pélérinages, je suis parvenu à me rendre maître de ses lignes et de ses profils, et j'ai acquis le droit de les décrire en archéophile et en poète. Qu'on me pardonne mon vœu; mais je voudrais pouvoir mourir dans ma cathédrale d'Amiens, et j'en suis presque réduit à envier le sort du bon et docte M. Gilbert *b*) qui

(*a*) La vue de ce monument inspira un tel respect à Charles-le-Téméraire, duc de Bourgogne, qu'en 1470, étant venu camper à Saint-Acheul, pour assiéger Amiens, il défendit expressément que son artillerie tirât contre la cathédrale.

(*b*) M. Gilbert est le gardien de l'église de N.-D. de Paris.

lui, loge dans la tour septentrionale de Notre-Dame de Paris. — Celui-là, du moins, il aura son église pour dernière couche, et les noirs piliers butants rangés vers ses murs, pour derniers amis.

L'évêque Évrard de Fouilloy jeta les fondements de la cathédrale d'Amiens, en l'an 1220, sous le règne de Philippe-Auguste et le pontificat d'Honoré 3. — Il fallait remplacer le bel édifice byzantin que le feu du ciel avait réduit en cendres, en 1218, et le zèle ardent du bon Évrard s'était imposé cette tâche. Pour réaliser son entreprise, il appela à lui le plus grand génie du XIIIe siècle, ROBERT DE LVZARCHES, déjà célèbre par ces chefs-d'œuvre architectoniques. Dans un projet de cathédrale à bâtir, Robert vit tout un type à formuler, toute une révolution à faire, tout un avenir à conquérir, toutes les pensées d'une époque à résumer, tout le moyen-âge à traduire, et le Bossuet de l'architecture donna son plan.

Évrard mourut en 1223, et Robert de Luzarches ne tarda pas à suivre le saint évêque dans la tombe; mais la nef fut religieusement exécutée d'après le modèle qu'il avait conçu. Gaudefroy ou Geoffroy d'Eu confia la continuation des travaux à Thomas de Cormont. Renault de Cormont, fils du précédent, eut la gloire d'achever l'édifice en 1288. Ces soudures faites par deux mains diverses, il nous serait facile de les apprécier dans une monographie du monument. La nef est la portion la plus ancienne de la cathédrale, c'est l'œuvre unitaire, homogène et correcte de Robert; les chapelles échelonnées suivant l'axe des bas-côtés n'entraient point dans le plan primitif, et ont été successivement bâties dans les XVe et XVIe siècles. Pour le portail, commencé dans le 14e siècle, il ne fut terminé que dans le 15e. La flèche placée au centre de la croisée fut élevée de 1529 à 1533, par Louis Cordon et Simon Tanneau, maîtres charpentiers d'Amiens, sous l'épiscopat de François de Hallecin, qui en fit la bénédiction solennelle.

L'église cathédrale d'Amiens se compose d'une nef, d'une croisée, de deux bas côtés embrassant le pourtour du sanctuaire et de vingt-deux chapelles rangées soit vers l'apside, soit le long des collatéraux. Elle offre les dimensions exactes en hauteur, en largeur et en longueur, indiquées par le petit voyer que nous avons vu figurer avec Joseph Le Bon. Sept travées constituent la nef proprement dite, longue de 220 pieds et large de 44 pieds 4 pouces.

Le choléra-morbus.

XIX.

LE CHOLÉRA-MORBUS. (a)

PARCE

Le Caucase a cessé de vomir sur la terre
Ces barbares du Nord dont le nom seul altère....

(a) Cette pièce est déjà vieille et peut-être oubliée. Elle parut en avril 1832, à Lyon, en une brochure très-exigue, in-8.

— Ne craignez plus de Huns, de Goths ou d'Attila ;
Mais un autre fléau veut dépeupler le monde,
Il fond sur nous, chargé de la poussière immonde
    De l'Orient qu'il mutila [1]

Invincible ennemi qu'on ne voit ni ne touche,
Qui vient flétrir vos yeux et crisper votre bouche,
Qui vous jette, en une heure, au sable des tombeaux,
Qui, sur l'aîle des vents, tout-à-coup vous arrive
Plus vîte que le flux qu'on voit battre la rive
    De la blanche écume des flots ;

Qui se mêle à l'encens qu'ici-bas on respire,
A l'albâtre d'un lis baisé par le zéphyre
Ou mollement courbé par les pleurs du matin ;
Qui se glisse et s'attache aux cheveux d'une amie
Ivre de son bonheur, dans un rêve endormie,
    Ou ternit l'argent de son sein ;

(imprim. de Louis Perrin). Je n'ai songé à la reproduire ici, que pour la relier et la faire, de feuille volante qu'elle était, partie d'un livre de mélanges.

Empoisonne un ruisseau murmurant, solitaire,
Immole un nouveau-né sur les bras de sa mère,
Dit à l'époux : — Sois veuf, au fils : — Sois orphelin;
Qui moissonne en tout lieu, sous l'or et la guenille,
L'habit brodé des grands et l'humble souquenille,
  Sur les lits de paille ou de lin ;

Qui vous saisit..... vous tue, avant qu'à ce rivage,
On ait pu d'un adieu bégayer le langage,
Régler le sort des siens, pleurer sur un missel,
Embrasser un ami, sonder sa conscience,
Et lancer un regard d'amour et d'espérance
  Jusqu'aux tentes de l'Éternel !

Nuages, air, soleil ; vous, brises matinales,
Vous, parfums ruisselant des lèvres virginales,
L'homme ne doit-il plus vous voir ni vous sentir ?
Tout ce qui rafraîchit les sens et la pensée,
Le jour et la beauté, les fleurs et la rosée,
  Tout lui dit-il : — Il faut périr !

Oh! quelque soit ton nom, typhus, choléra, peste,
Fouet de l'Immortel qui d'un mot ou d'un geste
Peut dans un seul sépulcre enfermer l'univers :
Fléau, suspends tes coups....,.que ta hache homicide
Toute fumante hélas! d'un sang noir et fétide,
  Enfin s'émousse dans les airs !

—

Des rives de l'Indus, commençant sur le monde,
A travers les mourants, ta course vagabonde,
Tu frappas le Tartare......Et tu l'abandonnais,
Pour venir disputer, par d'horribles attaques,
Au féroce pandoure, au sabre des Cosaques
  Le dernier membre polonais !

—

Veux-tu te promener, en dépeuplant la terre
Jusqu'aux lieux inondés d'azur et de lumière ?
Veux-tu que ce vieux globe, implorant le cahos
Plie, et se brise enfin sous le poids de ces tombes ?
Et n'est-ce pas assez de deux mille hécatombes
  Dans tout un peuple de héros ?....

—

Albion ta payé son tribut de cadavres;
Et du sein gémissant de Paris où tu navres
Le cœur des moribonds luttant avec la mort,
Tu menaces, hélas! d'étendre tes ravages
Sur toutes les cités et sur tous les villages
      Qui ne font que trembler encor!

—

Ah! si rien ne détruit ta vapeur délétère,
Laisse au moins, laisse au moins des vivants sur la terre,
Pour rendre aux trépassés le funèbre devoir,
Une sœur à l'hospice, au dernier champ d'asile
Un fossoyeur armé de sa pelle docile,
      Des lévites à l'encensoir!

—

Et nous qui, jusqu'ici, plongés dans la tristesse,
De ce spectre cruel qui décima Lutèce,
N'avons point vu la faulx balayer nos chemins,
Prions, prions mortels, prions le Roi suprême
Qui châtie et pardonne, et qui toujours nous aime,
      Comme l'ouvrage de ses mains!....

Le dimanche à Genève.

XX.

LE DIMANCHE A GENÊVE.

POST. TENEBRAS. LVX

Il y a deux cités qui résument merveilleusement l'Europe, ce sont Bruxelles et Genève, l'une plus poétique, plus avenante, plus courtoise, plus large, plus fashionable, plus pure d'alliage, plus chaude de mœurs hospitalières et plus expansive, l'autre plus jalouse, plus grave, plus réservée et plus philosophique; celle-ci ville de légendes, de palais, de spiritualisme, de grands seigneurs prodigues, de peuple parfumé de foi catholique, celle-là ville de négociants avares, d'opulences cupides, de rationalisme et de discussions, de peuple glacé par la réforme. Bruxelles caressante et vive comme une fiancée qui regarde son amant, Bruxelles couchée dans l'Italie du nord, à côté du berceau de Rubens, appelant à elle tout ce qui aime les arts, la religion, les plaisirs, la vie délicieuse, Bruxelles qui a chassé à coups de fourches, un roi huguenot, parce que ce roi ne la comprenait pas; Genève sorte de terre neutre entre la France, l'Italie et l'Allemagne, que toutes les sommités européennes ont traversée, mais où presque aucune n'a posé sa tente, Genève qui élève un trône à Calvin, et ne reçoit les étrangers dans ses murs que pour les rançonner. — Ceux qui aiment une population sèche, égoïste, argumentant sans cesse, jugeant tout avec son esprit et rien avec son cœur, ceux-ci préféreront hautement la ROME PROTESTANTE à Bruxelles; quant a moi, il me sera bien permis de mettre la jeune capitale des provinces belges au premier rang dans mes affections, après cette sublime Lyon que le vulgaire s'obstine à ne pas étudier.

Genève a sur Bruxelle un avantage incontestable, c'est sa position centrale dans notre continent. Entourée d'eaux vives, de fraîches vallées d'arbres verts, de sites plus poétiques que ses mœurs, assise en face du plus beau lac de la terre, entre le Jura qui ferme la France comme un collossal rempart et le Mont-Blanc dont :

..... Le frond plus haut que l'éclair et la foudre,
Vit tant d'états crouler, tant de siècles en poudre,
Et sur l'herbe pourrir tant de crânes de rois;
..... Dont l'œil de cristal lit sur l'immense plage,
Comme en un livre ouvert dont l'Europe est la page
Où Paris n'est qu'un point, et Rome qu'une croix ; (a)

jetant son ombre sur une foule de *ville* où le con-

(a) Voyez la VENVS D'ARLES, par Joseph Bard, tome II, page 148 et 149. --- Paris, A. Cherbuliez fitable et le luxe se prêtent un mutuel appui; propre et nette, ainsi qu'une ville de Hollande, mais radieuse et chaude ainsi qu'une ville de Toscane, française par sa langue, allemande par ses usages domestiques, suisse par sa vigilance, italienne par son ciel et son irritabilité, Genève offre le plus homogène et le plus compliqué des amalgames.

Vous qui expliquez les institutions et les monuments par les mœurs, vous qui voyagez en observateur et, après de nombreuses courses alpestres, passez par Genève en revenant de Chamonix ou d'Unterseen, reposez-vous dans cette vieille et célèbre cité, un dimanche jour de fête pour les réformés, jour de fête pour les orthodoxes.

Malheur a vous, si par une négligence fort pardonnable, d'ailleurs, vous n'avez pas le samedi soir, scruté le fond de votre tabatière, malheur à vous si votre barbe est longue, malheur à vous si le besoin d'acheter quelque chose qui vous soit immédiatement nécessaire vous poignarde, malheur à vous si, à jour fixe et précisé d'avance, vous attendez une précieuse lettre *poste restante*, d'amie ou de banquier, car ni les bureaux de tabac, ni les boutiques de perruquiers *aides-chirurgiens jurés*, ni les magasins quels qu'ils soient, ni l'office des postes ne sont ouverts. — Le dimanche, à Genève, c'est un geôlier qui verrouille toutes les portes exposées sur la rue; ce n'est pas seulement la police qui veut que toute transaction de commerce ou d'affaire cesse, le 7e jour de la semaine, non, c'est la morale publique et le dogme de tous qui l'ordonnent. — Ah! combien il est regrettable qu'un peuple si zélé observateur de ses commandements religieux, les ait réduits à un code froid, aride, mobile, n'ait pas gardé pure et vierge cette foi dont toutes les solennités étaient ou des joies de familles ou des réjouissances populaires cette foi qui avait tout l'art pour culte, qui a fait de MARIE la transition d'un cœur de mère à Dieu; cette foi que tous comprenaient dans la pauvre et touchante chapelle du village et dans l'immense basilique de la ville primatiale et métropolitaine.

Voyez toute cette population calme et recueillie, vêtue proprement, se rendant au prêche aux premiers sons de la cloche qui l'appelle. — Le prêche, c'est toute la pensée nationale, à Genève, au matin d'un dimanche.

En vous dirigeant du côté de Saint-Pierre, ne manquez pas, pourtant, d'écouter au coin d'une rue ce colloque entre deux genévoises :

— Comment vous trouvez-vous, ma chère?

— Ah! je suis toute crouille; j'ai été troublée, comprenez-vous. — Votre petite Pernette est toujours bien charmante.

— Comme que ce c'est, vous êtes tant drole. (*a*)
Voici le vieux temple de Saint-Pierre que l'hé-

(*a*) Traduction. — Comment vous portez-vous ma chère? — Ah! je suis toute chétive. — De quelque manière que ce soit, vous êtes très-jolie.

résie a violemment arraché aux pompes catholiques et où Saint François de Sales, évêque prince de Genève, retiré à Annecy, n'eut pas la satisfaction de prêcher une seule fois, bien qu'il l'appelât sa cathédrale. — Mais c'étiat déjà et c'est encore aujourd'hui une cathédrale *in partibus*. Des tombeaux, des verrières peintes, des 24 autels renfermés tant dans l'église que dans le cloître, des 14 chapelles, des décorations intérieures de tout genre qui peuplaient ce monument, il ne reste aujourd'hui que des stalles d'un admirable travail, et des vitraux représentant Saint-Pierre, Saint-Paul, Saint-André, Saint-Jacques et Marie Madeleine.

Et pendant que le peuple assis dans ce lieu autrefois si mystique et si saint et maintenant si positif et si mondain, si terrestre et si pauvre en ornementation, se replie en lui-même, pendant que l'orgue des chanoines chassés de leur domaine par la réformation, se mêle aux chants monotones d'une liturgie bourgeoise, en langue vulgaire, pendant que les religionnaires écoutent avec attention leur pasteur, vous entendriez bourdonner une mouche, tant le silence est complet. D'ailleurs, nul bruit de rue et de place publique ne trouble le recueillement du temple, car les gendarmes *de la république et canton* de Genève (*a*) postés dans son voisinage, comme nos excellents gardes municipaux aux abords de l'Opéra, ordonnent aux cochers de ralentir le pas de leurs chevaux et aux voix trop accentuées de se taire.

Déjà l'office du matin est terminé à Saint-Pierre; mais une autre population peu nombreuse, il est vrai, mais très dévouée à ses convictions, se rend aussi à son église. — Deux cloches fort discordantes mises en volée, crient par dessus les toits de la *Rome protestante* :

A nous catholiques.

Ce sont les cloches de la paroisse de Saint-

(*a*) Faute de français ou gallicisme que MM. les syndics ne manquent jamais de faire dans leurs arrêtés.

Germain que les magistrats ont cédée, en grognant, à la minorité orthodoxe. — Un homme, à Genève, lutte seul contre le monopole calviniste et l'autorité, c'est le curé de cette paroisse, que le pape considère presque comme un évêque, c'est M. Vuarin, l'ami de Chateaubriand.

Cependant, à la pensée religieuse, une autre pensée a succédé, celle du plaisir. Des chars sillonnent les rues et les places, le prolétaire coudoie, sur le pont de Bergues, le gouvernement exécutif, dans la personne d'un syndic, tous les citadins vont s'éparpiller sur le lac, sur les grandes routes, sur la prairie de Plain-Palais, s'épancher dans cette suave campagne, dans ces parcs de quelques pieds carrés ou dans les aristocratiques jardins qui ceignent Genève. — D'ici à deux heures, toute la ville sera déserte, elle ressemblera à un nécropole dont les portes seraient gardées par des soldats.

Eh bien, nous aussi, suivons la foule, et allons à Cologny visiter cette maison Diodati où lord

Byron passa quelques mois de sa vie — ou mieux, courons à Coppet, car c'est là que madame de Staël, cette femme qui a réalisé le roman d'ame, rêva d'amour en regardant ce lac si pur, cette tour si pittoresque d'Hermance, cette côte savoisienne si austère de contours, au pied de laquelle est bâtie, Thonon, la petite capitale du Chablais.

Mais ne manquons pas, en passant, l'occasion de dire deux mots de vérité aux protestants. Il arrive, en ce moment, à l'hérésie du XVIe siècle, une chose curieuse, c'est qu'elle regrette ses propres précédents, c'est qu'elle pleure ses fautes, c'est qu'elle se repent d'avoir remplacé par un culte négatif et prosaïque, un culte intime et vivifiant, d'avoir mis la girouette, triste emblême d'instabilité, au front de ses temples, à la place de la croix, symbole éternel du grand fait chrétien qu'elle accepte. Elle ne sait plus où elle en est de sa foi : les mômiers ou méthodistes brouillant les cartes au point que la *vénérable compagnie* (les pasteurs) s'oppose en vain au cataclysme.

On ne peut se le dissimuler, si un cœur protestant veut s'écouter lui-même, s'abandonner à ses propres affections, à ses infinis pressentiments, il gravite, sans le savoir, vers la large poésie catholique, et il devient orthodoxe malgré sa communion. Eh bien donc, messieurs les ministres du saint Évangile, vous, M. Bouvier (*a*) qui n'avez pas craint de vous mesurer dans l'arène avec La Mennais, vous-même, faites cesser cette anarchie qui vous inquiète, et mettez les croyances, la religion du peuple en harmonie avec les besoins de son ame. — Revenez, revenez à nous. Vous n'ignorez pas qu'au milieu des supplices et des massacres, la réformation s'est établie à Genève, qu'elle fut une œuvre politique et non pas une révolution de consciences, que cette œuvre s'est perpétuée par l'aristocratie dirigeante du pays, qui, en 1815, refusa l'adjonction au 22e canton helvétique de plusieurs communes savoisiennes du Faucigny et du Chablais, parce qu'elle

---

(*a*) Par son ouvrage intitulé : *Le Livre*, vision, par Barthélemy Bouvier, pasteur de l'Église de Genève. — Genève, 1834.

craignait que ce surcroît de population catholique ne menaçât le pouvoir monopolitaire et la doctrine.

La France aussi qui, au milieu de ses sanglantes discordes, a conservé intacte la foi de ses pères, la France a compté ses incrédules par milliers : le philosophisme a parcouru, chez nous, l'échelle sociale, de la noblesse aux prolétaires; mais voyez avec quel zèle elle revient à ses vieilles consolations et à ses saintes espérances.

Au reste, la tolérance pour toutes les opinions est grande à Genève, comme le respect et la sollicitude de ses magistrats pour le bien-être du peuple. Puisse bientôt cette glorieuse cité réaliser la devise de son écusson mi-partie impérial, mi-partie pontifical :

POST . TENEBRAS . LVX

Gentille Rose.

XXI.

GENTILLE ROSE.

AIMER . ET . CHANTER

1.

Ma bachelette, viens t'asscoir,
En attendant les pleurs du soir,

Sur cette couche parfumée,
Jusqu'aux mystérieux moments
Où la tournoyante fumée,
Rappelle, au chaume, les amants.

Viens avec moi, gentille Rose,
Cueillir le narcisse et la rose.

2.

Asseyons-nous dans les flots d'or
Du guéret qui frémit encor
Comme le sein des jouvencelles,
Tout près du hallier odorant
Où s'égarent les étincelles
De ce soleil déjà mourant.

Viens avec moi, gentille Rose,
Cueillir le narcisse et la rose.

3.

Viens donc — tu presseras la fleur
Blanche, à violette couleur,

Rouge pavot, œillet bleuâtre ;
Assise, besoin tu n'auras
Que de tendre ta main d'albâtre :
— Sans fatigue, tu le pourras.

Viens avec moi, gentille Rose,
Cueillir le narcisse et la rose.

4.

Puis, ensemble nous causerons,
Ensemble aussi nous baiserons
L'églantine au calice frêle :
De flexibles épis de bled
A toi, charmante pastourelle,
Les couronnes, les chapelets.

Viens avec moi, gentille Rose,
Cueillir le narcisse et la rose.

5.

Et je poserai dans ton sein
Ces fleurs où le poudreux essaim

Des papillons argentés joue :
Enfin, de tendres baisers pris
Sur tes lèvres ou sur ta joue,
De mon amour seront le prix.

Viens avec moi, gentille Rose,
Cueillir le narcisse et la rose.

A DEUX POÈTES AMIS.

Amis, nobles amis que le Barde réclame,
Quand je serrai vos bras, sur le bord du chemin,
Vous dûtes éprouver ce que sentait mon âme,
    Car j'ai le cœur près de la main.

Et oui, ces mots sacrés que la lèvre murmure
Et qui tombent tout seuls du baiser des adieux,
Comme tombe de l'arbre une grenade mûre,
    Ils sont sublimes à mes yeux !

J'ai gardé les bons vers que nous fîmes ensemble
Couchés dans la tiédeur d'un jour d'azur et d'or :
— Vienne, vienne bientôt, l'heure qui nous rassemble,
    Nous les ferons meilleurs encore.

—

Des vers......, répondez, quoi de plus beau sur la terre
Après de grands yeux noirs sur un front virginal,
Après un col de cygne ou le lys solitaire
    Que caresse l'air matinal ?

—

J'ai chanté sur les flots, sous l'aile de zéphyre,
En des bois dont l'ombrage est poétique et doux ;
Maintenant, c'en est fait, j'abandonne ma lyre,
    Pour la reprendre auprès de vous.

—

— Me voici, je reviens, — je mourais de l'envie
De chercher au milieu des sylphes endormis,
Celle qui resserra quelques nœuds de ma vie,
    Son nom, c'est MARIA, vous le savez, amis.

Critique d'art et de livres.

XXII.

CRITIQUE D'ART ET DE LIVRES.

LE CAFÉ DE LA RENAISSANCE.

PENETRABIT

Avez-vous visité, par hasard, sur la place de la Bourse, les grandes salles de ce CAFÉ DE LA RENAISSANCE que son propriétaire vient de rendre célèbre, en posant à son comptoir Nina, la maîtresse de Fieschi? Eh bien! point ne vous effrayez de la compagnie équivoque qui, le soir, fréquente cet établissement désert depuis neuf heures du matin jusqu'à sept de l'après-midi, et imitez-moi. — Un beau jour, je monte le magnifique escalier de marbre, j'ouvre la porte noire relevée d'ornements dorés en bossage, je m'assieds sur un de ces tabourets vêtus de drap rouge à franges, et me voici au *café de la Renaissance.*

— Garçon.

— Voilà, v'là, M'sieur!....... Que faut-il vous servir?

— Un thé complet.

— Bien, M'sieur.

— Garçon, le propriétaire du café est-il ici?

— C'est moi, Monsieur, dit un petit homme d'assez maigre apparence, en s'approchant de la table devant laquelle j'avais choisi ma place.

— Quel est, Monsieur, l'architecte qui a dirigé l'ornementation intérieure de votre établissement?

— C'est M. ****. — Ah! tout cela m'a couté bien cher; mais j'ai voulu faire de l'art et j'ai réussi..... Je voulais que les savants et les artistes vinssent à moi et pussent dire en quittant mon café : « Voilà un limonadier qui a senti son époque et marche avec le siècle. » Ici, voyez-vous, Monsieur, il y a une pensée historique, une couleur locale, comme au café Turc, c'est ce que vous ne trouvez pas chez le confrère Véron. — Entre nous autres savants, nous nous comprenons..... Monsieur est artiste, sans doute?

Ce colloque promettait, et j'allais répondre, lorsqu'un rude coup de sonnette parti du comptoir, appela le maître du café à d'autres soins. Je restai donc seul à ma table, partagé entre l'examen de la décoration du lieu, les journaux que je ne lis guère et mon thé qu'un garçon venait de m'apporter.

— A propos, n'est-ce pas que ce sont de drôles de personnages que les garçons de café, à Paris? Jugeant chaque entrant à son habit, se mirant sans cesse dans les glaces, ayant toujours les cheveux tressés et peignés avec prétention, la tête haute, le soulier propre et le bas blanc, vous témoignant, avant que vous n'ayez formulé votre demande en consommation, cette politesse affectée qu'on trouve chez les filles publiques, tant qu'elles vous tiennent sur le seuil de la porte, vains et humbles, serviles et fiers, cassants et malléables, ils ne ressemblent ni à un valet ni à un maître.

Cependant la porte du café s'ouvrit, et il entra un monsieur qui ne pouvait être qu'un comédien, vu que par un jour tiède et radieux, il portait une redingotte ornée de brandebourgs, avec fourrures au collet et sur les manches. — Le comédien demanda un petit verre d'eau de vie.

Une seconde fois, la porte s'ouvrit, je regardai, et je reconnus un de mes vieux et bons amis, E. Y. rédacteur d'un grand journal politique de province.

— Ah! vous voici, Y.... Eh bien, comment vont les affaires du gouvernement?

— Ne parlons pas politique; nos opinions se touchent par beaucoup de points; mais elles ne sont pas identiques : causons d'arts.

— Soit. —

Et nous nous prîmes à détailler modillon par modillon, pilastre par pilastre, tout le café-monument.

L'architecte qui a donné le plan et les dessins de cet établissement connait peu la phase artistique qu'il a voulu imiter. Il ne faut pas croire qu'il suffise, pour exprimer le système de la renaissance, de coller une tête de biscuit peint, assez naïve, sur un pied-droit, de nouer quelques entrelacs au cadre historié d'une glace, de mettre entre deux petits anges à genoux un écusson à ogive plate, de jeter par-ci par-là quelques frontons brisés, quelques torsades, quelques accessoires gibbeux, de tordre ou plutôt contourner les quatre pieds d'un tabouret. Non, il y a dans la renaissance une pensée qu'il faut avoir étudiée long-temps avant d'essayer de la traduire. La renaissance eut de la grâce et de la fermeté; même lorsqu'elle semble le plus confuse, elle est spirituelle, elle est vive, sémillante, hardie comme tous les pouvoirs nouveaux.

Il y a bien, je me plais à l'avouer, quelques réminiscences heureuses au *café de la Renaissance;* mais pourquoi ces arabesques et ces rinceaux empruntés au goût délicat du parc-aux-cerfs, pourquoi ces cheminées de l'empire, et ces insignifiantes rosaces en cul-de-lampe au plafond, au lieu des caissons à riches compartiments du XVIe siècle?

Malgré ses défauts, le *café de la Renaissance*

est un progrès qu'il faut reconnaître et enrégistrer. — Dites-moi un peu, aurait-on jamais eu l'idée de faire un *café de la Renaissance*, au temps des tabatières à la charte, de Dérivis, du soldat laboureur et des Voltaire-Touquet? — Pourquoi donc, pourquoi l'art contemporain ne rendrait pas à Paris la physionomie historique qu'il a perdue au milieu des révolutions? pourquoi chacune de ses rues n'aurait pas un nom d'âge écrit sur sa tête, pourquoi la maison sévère du XIIIe siècle, la maison riche du XIVe siècle, la maison opulente du XVe siècle, la maison toute bariolée du XVIe siècle, la maison bizarre de Louis XIII, la demeure noble à la Louis XIV et la demeure *rococo* à la Louis XV ne seraient-elles pas reproduites fraîches et neuves, mais fidèles comme la réimpression d'un vieux livre? — Ce qui manque surtout à l'architecture actuelle, ce sont les significations et les symboles. — Courage, courage, artistes que le présent accable, tout un avenir vous tend les bras; mais pleurez vos jours perdus à laver chez un eunuque de l'école Percier; fiez-vous à vos inspirations, indépendants et libres, imitez « les intrépides et pauvres tailleurs d'images, ciseleurs de clochers, découpeurs de rosaces, qui montaient frais et imberbes à leur échafaud, pour en redescendre courbés et barbons, parce qu'il y avait chez eux tension d'imagination, amour de l'œuvre, désir de la gloire, tout ce qui produit les grandes choses. » (*a*)

En quittant le *café de la Renaissance*, il prit fantaisie à E. Y. et à moi de toucher du doigt ces bas-reliefs et ces ornements en saillie qui couvrent les murs de l'établissement. — Ils étaient tous en pâte, en papier mâché et en carton........

Oh! comme le *café de la Renaissance* résume admirablement ce Paris où l'on veut avant tout des illusions, des apparences et du ruineux provisoire, où l'on n'ose pas, à la demande de M. Meyer-Beer, introduire de grosses cloches à l'Opéra, parce que bâti en torchis, le monument

---

(*a*) Achille Allier ; — Art en province, 5e livraison.

national pourrait bien trembler, craquer, fléchir et s'écrouler sur les spectateurs, si l'on mettait ces corps sonores en branle !

L'ÉGLISE DE BROU.

Voici un monument qui a failli me brouiller sinon avec *tous les artistes de la Bresse*, comme on l'a charitablement imprimé, du moins avec la plupart de mes savants collègues à la société royale d'émulation du département de l'Ain. — Et cela, à propos d'un petit livre dont je rendais compte, par hasard, dans une de ces tribunes locales sans retentissement et sans racines qu'un caprice élève et qu'un souffle renverse. J'avais osé dire que l'église de *Brou* appartient à la période énervée de l'architecture du moyen-âge, et penser que quelques accessoires heureux, quelques beautés de détail ne pouvaient pas compenser les défauts de lignes générales corrompues. D'accord avec tous les hommes de goût qui ont vu, comparé, étudié et classé les divers types de l'art, qui ont parcouru toute l'échelle monumentale du pays, depuis l'église encore indécise et transitionnelles de Saint-Martin de Laon, jusqu'à Sainte-Croix d'Orléans, cette charge de l'ancienne cathédrale de Toul (Trois-Évêchés), je n'avais pas calomnié l'édifice; mais j'avais simplement inscrit une date sur son front. Je vais reproduire l'article incriminé.

— Avant que l'assemblée nationale, cette grande et première coupable du monopole et de la centralisation n'eût flétri, une à une, les idées morales qui poétisaient nos provinces, et remplacé leurs circonscriptions territoriales historiques par de stupides divisions, la Bresse était à moitié bourguignonne; à peine échappée à la domination de la maison de Savoie, elle avait été incorporée dans le gouvernement général de Bourgogne et dans le ressort du parlement de Dijon : ses monuments et ses poètes doivent donc nous intéresser.

Dans l'opuscule que nous commençons, il y a

deux parties fort distinctes, l'introduction et le poème; la première est de M. Edgar Quinet, très honorablement connu dans les lettres, la seconde a M. Gabriel de Moyria pour auteur. Certes, il ne prendra fantaisie à personne de contester à M. Quinet la chaleur des idées et le coloris éclatant de l'expression. Plusieurs pages du fragment que j'ai sous les yeux, attestent le prosateur habile et l'homme qui explique à merveille l'architecture du moyen-âge par la société du moyen-âge. Quand Robert de Luzarches créa l'école architectorale française au commencement du XIIIe siècle, cet artiste d'un goût si austère et si pur, se montra sobre de détails et comprit que, pour avoir du relief et de la saillie, les ornements partiels devaient être distribués sur de grandes portions lisses avec une sage réserve. Ainsi ne fit point Colomban, architecte de N.-D. de *Brou* : placé entre la renaissance et l'agonie du type national, il traduisit, n'en déplaise aux admirations patriotiques de la Bresse, dans la confusion de ses lignes, une société qui tournait le dos à un monde, mais n'avait pas encore mis ses deux pieds sur la rive d'un autre monde. — Que M. Edgar Quinet serait bien plus poète dans sa prose, s'il avait imité Robert de Luzarches, s'il avait su tempérer sa fécondité, éviter surtout de fatigantes répétitions et des alliances de mots moins opportuns que sonores, s'il avait renfermé ses images dans les limites au delà desquelles sont l'exubérance et l'enflure! — La critique peut prendre ses coudées franches avec le jeune auteur d'*Ahasvérus* et de *Napoléon*, car s'il a beaucoup à gagner, ce n'est pas en extension, il ne lui reste qu'à condenser ses idées : c'est un homme d'avenir.

Pour la part de M. de Moyria, c'est une poésie toujours calme, toujours limpide, facile, élégante et correcte; ce sont des vers d'honnête homme et d'homme de bonne compagnie. Si sa muse, parfois, n'échappe pas au reproche de monotonie, si elle se montre économe d'invention, si elle n'étonne pas par ces brusques beautés qui exaltent le lecteur, du moins, elle n'offre jamais de brusques défauts qui l'attristent. M. de Moyria est le poète national de la Bresse; il a chanté les amours populaires de la Bresse, dans sa chère *Notre-Dame de Brou.* Il serait à désirer que toutes nos provinces eussent ainsi leur harpe locale; alors, la France retrouverait dans les jouissances de l'art la poésie de mœurs qu'elle a perdue au souffle des révolutions. — Quant à l'église de *Brou*, le poète peut voir en elle un tombeau plein de charmes, une élégie de pierres; mais aux yeux de l'artiste, elle ne sera jamais que le plus rachitique et le plus épuisé des monuments de l'architecture du moyen-âge.

A cette œuvre bressane, notre ami X. Marmier et M. Léon Bruys (de Mâcon) ont prêté leur luth pour quelques strophes d'une facture agréable. Ce petit livre mérite d'être encouragé et chéri comme poème et comme précédent d'émancipation provincialiste; on l'aimera surtout, si comme moi, on a l'honneur de connaître personnellement son auteur si modeste, si spirituel, si exquis d'urbanité, et son respectable éditeur, M. Bottier, l'une des probités patriarchales de la librairie française. —

— Je vous le demande, y avait-il, dans cet article, de quoi mettre toutes les poulardes de la Bresse en insurrection et quelques bons bourgeois en mauvaise humeur?

STATISTIQUE.

D. Delacroix, auteur de la statistique du département de la Drôme, est une de ces consciences provinciales, pleine de modestie et de savoir, dont je dois la connaissance et peut-être l'estime à mes nombreux voyages d'observateur et d'antiquaire. — Ainsi vivent, isolés dans nos départements, beaucoup d'hommes distingués par de laborieuses recherches, d'utiles et vastes travaux, à qui suffisent quelques amitiés éprouvées, un horizon borné, les intimités de la famille et le calme sédentaire du foyer domestique. Ils ne viennent pas, ces hommes-là, s'étioler dans le monde factice de Paris, gaspiller leur talent, prostituer leur plume ou abdiquer leur indépendance dans d'ignobles camaraderies de journalisme; non bénédictins dans leur cellule, la renommée les touche peu, parce que c'est surtout à servir leur pays dans la localité où le hasard les a placés, qu'ils aspirent. Combien de savants qui ont vieilli à l'ombre de leurs monuments de province, qui les ont étudiés avec patience, décrits avec précision, élégance et chaleur, seraient bien plus dignes de ce ruban rouge qu'on jette à l'importunité ou à la faveur, qu'une foule de suffisances parisiennes aux productions avortées, aux réputations éphémères!

La statistique est une science nouvelle que le branle du siècle a mise en progrès, comme toutes choses. Je ne crois pas qu'il existe, en France, un monument plus complet et plus durable, que celui qui vient d'être consacré par M. Delacroix à un pays qui forme, pour ainsi dire, une terre mitoyenne entre le nord et le midi de notre patrie. La *statistique de la Drôme* est le type de ces sortes d'ouvrages. Voici deux couplets d'une chanson populaire recueillie par M. Delacroix qui n'est demeuré étranger ni aux titres historiques ni aux touchantes croyances, ni à la tiêde poétique de l'ancienne province de Dauphiné :

> Véci lou djoli mé dè mai,
> Què lous galans plantan lou mai :
> N-en plantaré iun à ma mïo,
> Saro plus iaut què sa tiolino.

> Li boutaren per lou gardà
> Un soudar dè tchaquè còta ;
> Qui boutaren per santinello ?
> Saro lou galant dè la bello.

Honneur à M. Delacroix. — Puisse-t-il avoir des imitateurs !

— Cet article a été plus heureux que le précédent : il n'a amené aucune hostilité contre le critique. — Eh bien, que le propriétaire du *café de la Renaissance* fasse de l'or avec sa Nina (1) à

(1) Au moment où l'auteur écrivait ce chapitre, Nina occu-

DOUZE MILLE FRANCS de traitement annuel, et qu'avec cet or il efface les fautes d'un architecte : que les Bressans s'appaisent, que M. de Moyria nous offre un nouveau poème, et que M. Delacroix continue à donner de nobles exemples.

pait le comptoir du café de la Renaissance; elle est maintenant à Londres.

Voilà comme les faits marchent plus vite que la presse. — Achille Allier, lui aussi n'est plus à Bourbon-l'Archambault... .... Hélas! il a été enlevé, le jour de la Pâque, à sa province et à ses amis.

 En courant.

XXIII.

EN COURANT.

VIRES. ACQVIRIT
EVNDO

— A bas les rats!

criait à tue-tête, un homme, sur la place publique de la petite capitale de l'ancien comté

d'Auxonne, trois ou quatre jours après la révolution de juillet.

— Oh! la charte va devenir une vérité; la presse sera libre; nous aurons un trône populaire à bon marché; les emplois publics seront donnés aux plus capables; mais enfin la représentation nationale naîtra du vote spontané des électeurs : il n'y aura plus de noblicules à la morgue insultante, plus de sergents de ville pour empoigner les citoyens, plus de soldats pour tirer sur le peuple — disaient les groupes de bourgeois.

— A bas les rats!

répondait, sans cesse, le curieux personnage. On avait beau lui faire comprendre tous les avantages généraux que les événements de Paris entraînaient à leur suite, on avait beau proclamer tout un avenir de bien-être social, de civilisation et de progrès, on avait beau lui montrer ce drapeau reconquis d'Austerlitz et de Wagram, il ne voyait que rêves dans ces espérances; peu lui importaient ces grandes choses; sa révolution de juillet, à lui, c'était :

— A bas les rats!

C'est que pour cet homme qui *vendait vin*, le fait politique de juillet ne devait avoir de valeur réelle que par la suppression des impôts indirects. Les *rats*, c'est-à-dire les employés de la régie, c'étaient pour lui, les soldats tirant sur le peuple, les gendarmes empoignant les citoyens, les députés vendus, la charte-mensonge, les jésuites à robe-courte. — Il ne sortait pas de son idée fixe applicable à sa position. Dans la restauration, il ne voyait que les *rats* — Charles X était un brigand — Dans la révolution de juillet, il ne pouvait pas raisonnablement voir autre chose que la chute des *rats*. — Feu Lafayette était un sauveur.

Comment voudriez-vous que les révolutions eussent un sens populaire, si chacun ne les individualisait pas dans un bonheur personnel? Pour celui-ci, une révolution, c'est une place à saisir, pour celui-là, c'est la destruction d'un obstacle qui le gênait, pour cet autre, c'est une ascension sociale ou une vanité satisfaite, pour cet autre encore, c'est une banqueroute palliée.

Durant trois ou quatre jours, on n'entendit retentir, dans Auxonne, de la porte de Comté à la porte de France, de la caserne à l'hôpital, que cette phrase significative :

— A bas les rats !

Il ne fallut rien moins, pour faire taire le laconique orateur, que la présence à la commission municipale provisoire, d'un *rat* puissant qui parvint à faire mettre le *souverain* en prison.

Savez-vous que le cabaretier d'Auxonne est un homme d'une haute raison? — Les *rats* ne sont pas morts, et la révolution de juillet n'est qu'une rivière détournée de son cours. — Ainsi va le bon sens exquis du peuple, il réduit chaque chose à sa plus simple, plus positive et plus accessible expression; il traduit la justice par le gendarme, l'huissier, ou le greffier de justice-de-paix, il traduit le gouvernement par le manœuvre qui bat de la caisse et promulgue la loi, il traduit le ministère des finances par le garnisaire qui vient lui tirer son dernier écu ; il comprend la majesté royale par l'écharpe officielle de son maire, le bureau des longitudes par son almanach et la littérature nationale par sa chanson de table.

Je vous dirais bien qu'Auxonne, capitale déchue de ce comté qui comprenait les villes de Seurre, Louhans, Verdun-sur-le-Doubs, Saint-Laurent-lès-Châlon, Pontailler, etc., renferme un arsenal qui peut-être, bientôt, va prendre la route de Besançon, une maison-de-ville fort décemment tenue, avec bibliothèque publique peu considérable, mais choisie. (1) Je vous dirais bien qu'à Auxonne se trouve l'un des plus graves et des plus beaux monuments religieux du moyen-âge, de la Bourgogne, dans cette église de Notre-Dame dont l'art trapu du 12e siècle a fait la croi-

---

(1) Dans la maison Flutsch, en face de N.-D., il y a un bras de puits, du 16e. siécle, très curieux. Ce petit monument n'a pas encore été dessiné. Il serait à désirer que la ville en fît l'acquisition, pour en assurer la conservation.

sée et l'apside (en majeure partie), dont le 13ᵉ siècle a édifié la nef, dont la renaissance a taillé le portail malheureusement boiteux, dont la foudre a tronqué la flèche. Mais je compte, ailleurs, donner la monographie de cet édifice évidemment trop bas pour son échelle : — maintenant, partons pour Dole.

Ne disons rien de Mont-Rolland, car une lyre aussi bienveillante que riche en inspirations, en a recueilli les traditions et les souvenirs. — Dole est une cité que j'affectionne pour sa pittoresque et salubre position, pour ses frais et gracieux alentours, pour ses vieux usages conservés comme en un poétique sanctuaire. A Dole, on sonne encore pour l'audience (10 heures du matin) et pour le *couvre-feu*, à 10 heures du soir. Et puis à Dole vous rencontrerez quelques restes incertains du château de l'empereur Barberousse, de nobles et antiques maisons espagnoles, une hospitalité large, une église qui, vue du faubourg de la *Bedugue*, surtout, a l'air d'une reine. Cette église, avec sa tour beffroi, résume le temple et la maison-de-ville, l'arche spirituelle et le tabernacle de la loi. A deux pas d'elle, est un ossuaire : grattez un peu la terre de ce capitole où tout ce qu'il y a de grand à Dole, a choisi son siége (*a*), fouillez autour de cette croix de pierre qui vous regarde (*b*), vous trouverez des squelettes de Spartiates. Il y a de ces choses qui vivifient les populations, ce sont les croyances et les souvenirs. Aussi je voudrais que le patriotisme dolois ne se fut pas borné à placer sur le piédestal de la croix, cette inscription sublime de simplicité :

AVX . DOLOIS
MORTS . POVR . LA . PATRIE
XXV . MAI . M CCCC LXXIX

(*a*) Sur ce capitole ou mamelon sont l'église, la croix, la maison-de-ville et l'ancien parlement.

(*b*) Quand un gouvernement de sacristies assez aveugle pour ne pas savoir que la religion est chose sublime qui vit de liberté, imposait à la France des troupes de prédicants, les missionnaires avaient planté là leur croix triomphale. — A la révolution de juillet, on remplaça ce monument par la croix que nous voyons aujourd'hui et qui, touchante et simple, bénit un tombeau.

mais eut encore institué au célèbre collége de l'arc, une chaire spéciale d'histoire de Dôle.

En cette cité, on parle peu du bien-être des masses et on réalise beaucoup de bienfaits pour elles. Dôle doit surtout ses progrès immenses à l'administration vigilante et si généralement regrettée de M. Dusillet, cet infatigable apôtre de l'instruction populaire, qui, avec des revenus communaux assez restreints, a trouvé moyen de doter son pays d'une école des sciences appliquées aux arts et d'un musée. D'une bibliothèque de petite ville, il a fait une bibliothèque-modèle abritée dans un local admirable, méthodiquement classée, où l'émulation et le désir de la célébrité naissent spontanément dans le cœur, à la vue de ces bustes d'illustres Dolois rangés comme des gloires nationales, et à un de ces savants modestes, consciencieux, pour qui le patriotisme est une religion, il a confié la garde du dépôt. (*a*) L'amour de la liberté, à Dole, a passé

(*a*) M. Pallu.

de génération en génération comme un meuble de famille; mais ne craignez point qu'il dégénère jamais en saturnales anarchiques, car il a pour frère l'amour du Christ.

Notre-Dame de Dole est le plus complet monument religieux de la Franche-Comté qui n'est pas riche en édifices de ce genre, antérieurs au 18e siècle. Cette église dont le clocher-donjon est si populaire dans la province, et qu'elle voit de toute part, comme le *vieux phare de ses libertés* (Nodier), aperçue de loin, produit un majestueux effet; mais elle ne supporte pas un examen détaillé et une investigation artiste. Avant le sac de Dole, en 1479, il y avait à sa place, une ancienne église dont aucune trace et aucun dessin n'ont survécu.

La première pierre du temple qui existe aujourd'hui fut posée le 9 février 1508 par Antoine de Vergy et toutes les grosses constructions étaient terminées en 1583. Il présente 186 pieds de longueur, dans œuvre, 101 pieds de largeur et 81 pieds de hauteur sous voûte. On voit par un marché en date du 31 octobre 1558, que la maçonnerie coûtait 14 francs et demi la toise, la ville fournissant sur place, la chaux, le sable et la pierre nécessaires. En 1544, l'empereur Charles-Quint permit à la cité de percevoir sur chaque *salignon* de sel, un *niquet*, pendant 10 ans, pour être employé à la construction de la basilique, et plus tard Philippe II, renouvela, par lettres-patentes, la même concession et accorda en outre deux mille livres.

Cette église de N.-D. offre une sécheresse de lignes et une pauvreté de profils peu commune; elle est sans pensée génératrice. 16 gros piliers, dont 10 pour la nef et 6 pour le chœur supportent tout l'édifice, ils sont sans chapiteaux, cylindriques, et viennent mourir en s'engageant brusquement dans les retombées de la maîtresse-voûte. Comme entre les fenêtres écourtées qui éclairent le vaisseau, et l'extrados des arcs ogive qui forment les travées, il ne règne ni galerie, ni arcature, il en résulte qu'un énorme espace laissé nu, serait du plus détestable effet pour le spectateur, si l'on n'avait pas masqué cette zône lisse par les grands tableaux de Laurent Pécheux (*a*), né à Lyon en 1727 et mort à Turin, le 1ᵉʳ juillet, 1821.

Un jubé en placage de marbre, dont le style est fort discordant, d'ailleurs, avec le type général du monument, supportant un orgue de Tiepp (*b*), dont la montre a été admirablement sculptée par Michel De Vosges (de Gray), une porte de sacristie d'un XVIᵉ siècle avancé, avec quatorze médaillons dans sa voussure, un très-beau bas-relief en arcature du XVᵉ siècle, conservé dans la chapelle dite *de la faculté de médecine*, enfin la *sainte-chapelle* bâtie pour la sainte Hostie miraculeuse de Faverney (*c*), d'un

---

(*a*) Ces tableaux sont au nombre de 12.

(*b*) Tiepp, célèbre facteur d'orgues.

(*c*) La *sainte chapelle* couta 30,000 francs et fut édifiée sur le plan donné par le président Jean Boivin. — Le miracle arrivé à l'église abbatiale de Faverney est de 1608 — 24 mai. Le même président Boivin fit, à ce propos, le distique suivant :

goût fort équivoque; ajoutez à cela, pour l'extérieur, 10 piliers-butants d'un jet assez hardi, un clocher flanqué de quatre tourelles, où les boulets de Louis XIV ont inscrit quelques dates, et 2 portails latéraux ornés de têtes de choux frisés, voilà à peu près tout ce qui appelle, à N.-D. de Dole, l'attention de l'observateur.

Mais entrez avec moi dans ce chœur dont les longues et étroites fenêtres sont munies d'ignobles verres colorés et non pas peints, encastrés sans méthode aucune, et examinez cette peinture toute fraîche, de l'école contemporaine. C'est une *assomption de la Vierge*, œuvre d'un amateur dont les toiles ont été souvent admises aux expositions publiques de Paris, M. de Valdahon, beau-père de madame la comtesse César de Valdahon, l'une de ces femmes qu'on peut sans af-

<small>Impie, quid dubitas hominem que Deum fateri?
Se probat esse hominem sanguine, et igne Deum.

Il trouva encore dans le verset du psaume 95, le chronogramme du prodige :

IgnIs ante IpsVM praeCeDet</small>

fectation de courtoisie, appeler une muse. Il fallait trouver le moyen de rajeunir une idée depuis long-temps épuisée, c'est ce que M. de Valdahon a parfaitement bien compris, et il a cherché l'originalité. — Mais au lieu de ce mélange de tendresse et de sainteté, de douce mélancolie et de sérénité, de pureté et d'amour, qui, dans nos pensées spiritualistes et chrétiennes, caractérise la mère du Sauveur, le peintre a créé la plus délicieuse des figures, le plus suave des portraits, la plus idéale sensualité qu'on puisse concevoir. Ah! M. de Valdahon, quel tour vous avez joué aux dévots qui, heureusement, ne verront pas aussi loin que moi! Vous avez voulu faire du neuf en matière *d'assomptions*, voilà votre excuse, et pour mon propre compte, je l'accepte. Ah! dites, M. de Valdahon, combien vous avez chéri votre œuvre, avec quelle passion vous l'avez exécutée, avec quelle foi d'artiste, vous avez dessiné ces contours si aériens et si gracieux, ouvert ces yeux si caressants, éclairci ces lèvres d'où jaillit l'amour, rêvé cette pose si souple, j'ai presque dit si lascive! Votre vierge, mais c'est une amante, d'excellente compagnie, il est vrai, c'est une femme qui n'aime pas à la manière positive des Italiennes, mais à la manière intime et voilée des Écossaises. (*a*)

Tout épris et tout amoureux que je suis de la Vierge de M. de Valdahon, je ne puis oublier d'annoter que parmi les monuments détruits que pleure l'église de N.-D. de Dole, il faut citer le tombeau de Carondelet, chancelier du comté de Bourgogne.

Tout près de cet édifice religieux, allez voir la maison où logea en 1608 l'illustre Saint-François de Sales. Le prince-évêque coucha dans une chambre où vous trouverez encore son portrait peint dans un médaillon, au-dessus de la cheminée. Au bas du portrait, j'ai lu cette inscription :

QVIS QVIS ADEST DIVI CELLAM
VENERARE SALESI ET FATEARE
DIIS HANC PLACVISSE DOMVM
IN QVA ET HABITAVIT

(*a*) M. de Valdahon a promis de compléter son offrande par un pendant.

Je ne crois pas que cette peinture soit contemporaine du saint prélat; quoiqu'il en soit, il prêcha dans la chaire qui subsiste encore à Notre-Dame de Dole, *sur la prédestination*, le jour de la Toussaint, 1608.

Ne quittez jamais Dole sans vous être fait ouvrir dans les bâtiments chancelants de l'ancien parlement de Franche-Comté, une salle fort curieuse par ses sculptures sur bois. Puissent ces merveilleuses boiseries être protégées et entretenues par les magistrats!

Dole où le peuple est si excellent, où la classe élevée est si progressive, où l'urbanité cordiale et la science mise comme tout le monde, où de saints et nobles souvenirs vous retiennent, Dole est une des villes de mon voisinage où j'aimerais le mieux à poser ma tente. La rue qu'habite M. Léon Dusillet, ancien maire, a reçu le nom propre de l'auteur d'Yseutt : voilà un fait qui prouve que le conseil municipal de Dole ne se compose ni d'orateurs de tabagie, ni de vanités ignares.

Un jour, touriste infatigable, après avoir traversé cette grande, confuse et maussade villasse de Troyes en Champagne, qui a perdu hélas! le privilége d'envoyer des fous à nos rois; après avoir traversé ce sol pouilleux d'Arcis-sur-Aube où les mœurs sont aussi plates que la nature, j'arrivai à Chaalons-sur-Marne. A peine descendu de voiture, je parcourus ces rues peuplées de maisons à toits couverts de tuiles creuses et à inclinaison toute méridionale, demandant le chemin des églises. — La cathédrale, c'est ce que je veux connaître, tout d'abord, dans une cité, car voyez-vous, il y a trois choses qui sont la transition du monde créé au monde incréé : une église vaste, sombre, un peu humide, la mer et une vierge forêt.

Je rencontre un monsieur très proprement vêtu et je lui dis d'un ton convenable :

— Monsieur, pourriez-vous m'indiquer le chemin de la cathédrale ?

— Avec plaisir, monsieur; suivez cette grande rue jusqu'à son extrémité, et quand vous approcherez du pont, vous vous replierez à gauche.

— Je vous remercie beaucoup. — Est-ce un beau vaisseau que cette cathédrale?

— Ah! monsieur, c'est VIEUX.

A ce mot, je rompis brusquement le colloque et tournai le dos au monsieur, car ce mot VIEUX m'avait révélé le barbare. Mettons ce mot à côté de : *Belle église* QUOIQUE *gothique* des antiquaires de Louis XV, et n'en parlons plus.

J'admirai les belles verrières de l'église cathédrale de Saint-Étienne de Chaalons-sur-Marne, ses deux flèches jumelles, et je courus à une autre église, celle de Notre-Dame, ancienne collégiale, qui de quatre clochers en pyramide et un clocher central qu'elle avait, n'en a gardé qu'un seul intact, à droite du portail. Des maçons occupaient tout ce monument, l'un des plus purs types de transition que je connaisse. Durant que j'examinais l'ensemble, un petit abbé s'approcha de moi et me demanda qui j'étais.

Je répondis par quelques conseils donnés, au petit abbé sur la restauration projetée et commencée de son église.

Le lendemain matin, je fus très étonné de voir entrer dans mon auberge le même ecclésiastique, s'annonçant sous le nom de :

Champenois, curé de Notre-Dame de Chaalons, chanoine honoraire.

— Comment, Monsieur, si jeune, curé d'une importante paroisse!....

Ah! c'est que ce petit abbé était un homme d'une grande ame, d'un grand zèle et d'un caractère élevé, qui comprenait merveilleusement la mission du clergé, en ces jours mauvais, et qui en matière d'art, se fiait beaucoup moins à des lumières de fabriciens qu'à des données artistes.

Nous causâmes long-temps restauration d'églises : j'osai hasarder quelques-unes de mes idées applicables à N.-D. de Chaalons; le petit abbé me fit voir son église dans les plus minutieux détails, et me montra, à l'école des arts et métiers, la table de communion qu'il faisait fondre pour sa basilique. Cet ouvrage modelé sur la grille qui environne le chœur de l'église métropolitaine de Rheims est d'une facture irréprochable; mais comme il est destiné à un monument de type mi-byzantin, mi-français, j'aurais préféré qu'il s'harmonisât davantage avec cette couleur mixte. — Les curés pareils à celui de N.-D. de Chaalons sont rares.

Quelques jours après mon entrevue avec M. Champenois, me trouvant dans cette ville toute mérovingienne de Soissons, tremblant qu'un orage ne vienne à emporter les frêles et magnifiques débris de Saint-Jean-des-Vignes, plein de respect pour cette cathédrale de Saint-Gervais qui offre, comme la basilique détruite de Cambray, un croisillon terminé en apside, me trouvant, dis-je à Soissons, causant avec M. Brayet, bibliothécaire de cette ville, je reçus un journal de Chaalons-sur-Marne. La feuille champenoise disait gravement :

« M. Joseph Bard, inspecteur des monuments historiques, passant à Chaalons, jeudi dernier, n'a pas voulu quitter cette ville sans visiter les édifices du moyen-âge qu'elle renferme, et qui en font les principaux ornements. Il a examiné avec le plus vif intérêt l'église de Notre-Dame, et l'a regardée comme un des plus curieux monuments de transition que possède la France. M. Bard a approuvé le système de restauration employé dans cette église, et a manifesté hautement à M. le curé, le vœu que des verrières peintes soient adaptées au rond-point de l'apside et à la rose du portail. »

Comme la même chose (*a*) m'était déjà arrivée

(*a*) Voyez le *Journal du département de la Marne*, No 2436. — Samedi, 4 juillet 1835, dans plusieurs villes, je ne fus point du tout surpris, et après avoir bien fouillé sur le sol vide que couvrit l'abbaye de Saint-Médard de Soissons, pour trouver quelque souvenir des premiers rois francks, je partis pour le château de Coucy et pour la ville la plus pittoresque de France, sans contredit, Laon qui a fixé son aire, comme les oiseaux du ciel, sur un sommet.

J'aurais bien envie du haut de l'un des innombrables clochers qui flanquent la magnifique cathédrale déchue (a), de style mixte, de Saint-Martin de Laon, de courir à vol d'hirondelle, jusqu'à la vieille et centrale cité de Bourges dont les archevêques au titre contesté de *Primats d'Aquitaine*, joignent celui de *Patriarches*. Car en cette ville j'ai éprouvé le plus immense mécompte qu'homme puisse comprendre.

Je m'étais toujours figuré que l'ancien royaume de Charles VII n'était autre chose qu'une

(a) Laon dépend aujourd'hui du diocèse de Soissons.

ville champêtre avec pâturages, meix, jardins, chenevières et haies vives dans son enclos, où quelques monuments bien noirs, plusieurs hôtels de nobles bourgeois voilaient dans les arbres touffus leur mine du XVe siècle. — Oh! combien j'eusse aimé à la trouver enfin, cette ville noyée dans ses mœurs du passé, cette ville perdue dans la campagne, loin des grandes routes, des fabriques, des métiers! Bourges et Poitiers, c'étaient mes rêves d'archéophile et de poète.

Mais hélas! comme toujours, la réalité à Bourges, c'était une déception. — Il ne faut jamais ici-bas, voir les choses de trop proche; il ne faut jamais presser trop vivement le positif, car toute poésie s'envole. — Eh bien Bourges, l'ancien AVARICVM, c'est une ville comme une autre où les maisons se touchent, où il y a de la populace et des nobles, quelques demeures spacieuses réunies vers l'église métropolitaine de Saint-Étienne, avec jardins pour dépendance, quelques rues peu habitées, il est vrai, et un plus grand nombre de rues très étroites, très populeuses et très boutiquières. Autun qui est à ma porte est infiniment plus champêtre que Bourges, et mon songe s'est évanoui dans la cité qu'il voyait si antique, avant son brusque désenchantement.

Et puis à Bourges, tout comme à Rouen et à Rheims, on voit des paysans sans naïveté, on entend de ces éternels lazzis, de ces platitudes nés du philosophisme et du 18ᵉ siècle, on trouve des commis-voyageurs ignorants, insupportables et bavards dans les auberges. — Mais à Bourges aussi, de même qu'à Rheims et à Rouen, on a de magnifiques édifices pour dédommagements, — Ici c'est la basilique de Saint-Étienne avec ses cinq nefs d'abord, puis la maison de Jacques Cœur dont on a fait la maison-de-ville.

Derniers chants.

XXIV.

DERNIERS CHANTS.

UNE AME DE FEMME.

DIEV . NOVS . VOIT

Sais-tu ce que j'entends par une ame de femme ?
— Cette fille à l'œil sec, qui censure ou diffame,
Qu'un geste, qu'un regard font tomber en émoi;
Qui jalouse d'encens, d'éclat, de renommée,

En cent écrits divers, voudrait se voir nommée,
    Ne rêve, ne sent que le moi;

—

Qu'aux lieux où vient s'asseoir la jeunesse élégante,
Sans cesse, on voit rouler sa prunelle arrogante,
Dans la foule marcher d'un pas libre et hardi,
Qui parle à tous venants de cuirasse, de heaumes,
Et qu'on rencontre encor sous la veste d'un homme,
    Chez Beauvilliers et chez Hardy;

—

Qui, loin de se traîner dans une ornière immonde,
Argumente, raisonne, affecte dans le monde,
Pour les goûts de son sexe un superbe dédain;
Se pâme aux noms d'Argos, de Spartes et d'Athène,
Et toujours, vole ou courre, aventureuse, hautaine,
    Comme l'aigle ou comme le daim.

—

Ah! ce n'est point ma femme, à moi, chantre des songes
Qui sèment sur nos yeux leurs suaves mensonges,

A moi, chantre pieux des mystiques douleurs,
Des sylphides du soir, des cygnes, de la rive
Où des pâles cités nulle rumeur n'arrive,
    Des ailes d'anges et des fleurs.

Non — Celle dont le souffle a fait vibrer ma lyre,
Dont le regard céleste est tout un livre à lire,
Dont l'image, en tous lieux, me caresse ici-bas ;
C'est la fille-poète à l'ame virginale
Qui rêve sans chanter, dans l'aube matinale,
    Et fait sa prière tout bas.

La fille qui toujours, en elle se replie,
Qui de foi, de parfums, d'espérance remplie,
Passe, sans que le peuple ait murmuré son nom ;
Qui de la nuit sans fin pressentant le mystère,
Interroge le ciel, sans mépriser la terre,
    Et vers Dieu seul veut un renom.

PROLÉTAIRE.

Enfin, expliquez-vous, sommités de la terre :
Quand sur nous vous lancez ce nom de prolétaire
    Que votre orgueil formula ;
Quand, du haut de vos chars, superbes, incroyables,
Vous le laissez tomber sur nous tous, pauvres diables ;
    Qu'entendez-vous par ce nom là ?

—

Est-ce que, par hasard, ce terme signifie
Quelque chose d'affreux qui brûle et mortifie,
    Un fer rouge sur la peau ?
De *canaille*, parlez, serait-il synonyme,
Et sommes-nous jugés d'un avis unanime,
    Brebis galeuse du troupeau ?

—

Que ce mot est honnête ! oh ! l'heureuse trouvaille
Qu'un nom pour désigner la classe qui travaille
    Par l'esprit ou par les bras !
Ce substantif nouveau voilerait-il l'injure
Qu'avec justice on jette au voleur, au parjure ?.....
    Oh ! non, non, il ne se peut pas.

—

Le peuple dont les mains nourrissent la patrie,
Qui contre un pain bien noir, troque son industrie,
    Qui va creusant vos canaux,
Qui, pour tous vos besoins, tout le jour s'use et sue,
Tient la bêche, le dard, la lime et la massue,
    Compte ses soleils par ses maux ;

Le peuple qui pour vous visite les deux pôles,
Qui perce les rochers, porte sur ses épaules
    La pierre de vos maisons :
Qui s'inhume tout vif dans le sein de la terre,
Pour apporter sa mine au gras propriétaire
    Couché sur un lit de gazons :

Le peuple..... Que du moins, on l'estime et qu'on l'aime,
Qu'on plaigne ses labeurs... — Le glorieux baptême
    L'a fait frère des plus grands.
Qu'on lui laisse son culte et ses heures de joie ;
Racine du pays, au faîte, qu'il ne voie
    Que des amis, non des tyrans.

La Messe de Châtel.

XXV.

LA MESSE DE CHATEL.

ANATHEME

 Le samedi 15 août dernier, jour anniversaire de l'Assomption, X..... de la *Revue des deux mondes*, X..... du *Musée des familles*, X..... directeur de l'*Artiste* et moi, nous allâmes à l'église métropolitaine de Notre-Dame de Paris, pour assister à la grand'messe. — Oui, à la grand'messe — écoutez bien esprits forts....... les artistes, les étudiants, les hommes de science et d'avenir vont à la messe, à Paris, maintenant que le XVIIIe siècle est pourri, que la phraséologie de certains journaux a perdu sa nauséabonde popularité, que les *Voltaire-Touquet* et les *tabatières à la charte* sont passés de mode; maintenant que le plat et abrutissant philosophisme de Volney n'a plus de crédit que chez les commis voyageurs et les portefaix.

Qu'elle était sublime, cette messe, dans la vénérable et immense basilique!..... — Tout ce qui est poésie se trouvait à Notre-Dame de Paris : l'architecture nationale, la sculpture nationale, les chants, les parfums, les peintures transparentes, les ornements, les costumes, le mystère, c'est-à-dire tout ce qui élève l'ame par les spiritualités et la prière, tout ce qui charme les yeux par le pittoresque, l'esprit par les souvenirs, les oreilles par l'harmonie, tout était là, oui, tout était là.

— Il fallait bien oublier qu'en février 1831, de prétendus gardes nationaux de service au sac de l'Archevêché, avaient violé la haute et vieille église, dilapidé le trésor de la sacristie, mis les bijoux de la crosse historique dans leur poche et les brocards d'or des chappes dans leur giberne; qu'ils avaient tiré des coups de fusil sur les verrières et déchiré les tableaux à coup de briquet. (*a*)

— Hélas! il fallait bien oublier tout cela. — Pour qui a vu les pompes du culte catholique soit à l'église primatiale de Saint-Jean, soit à Saint-Nizier de Lyon; pour qui a vu officier à Notre-Dame de Rheims (*b*), à Notre-Dame d'Anvers, à Saint-Jean de Besançon, à Saint-Lazare d'Autun, à Saint-Nicolas de Fribourg en Suisse, les cérémonies saintes paraissent pauvres, même dans la Ville Éternelle, à plus forte raison à Paris, où

(*a*) Ces faits peu connus de Paris m'ont été racontés, ainsi qu'à mon savant maître en archéographie, M. le baron Taylor, par un employé de l'église N.-D. de Paris.

(*b*) Rheims est la seule ville, après Milan, où j'aie rencontré des usages de culte presque pareils à ceux de l'église primatiale de Lyon.

l'on ne fait plus de poésie intime que dans les livres et les journaux.

— Tant maigre que fût le chant, tant rares que fussent le clergé et les enfants de chœur, tant mauvaise que fût la messe en musique de Devigne, nous trouvâmes tout sublime : car assez de poésie restait à Notre-Dame de Paris, pour nous jeter dans un monde idéal et infini. — Et puis, un prélat illustre par ses malheurs célébrait cette messe solennelle.

— Place à Monseigneur Hyacinthe-Louis de Quélen, par la miséricorde divine et la grâce du saint-siége apostolique, archevêque de Paris. —

Oh! la belle et noble tête que celle de M. de Quélen; que ce regard est pur, que cette bouche est reposée, que ce front est calme, que cette pose est digne! — Une pareille figure, c'est le plus éloquent démenti qui puisse se donner aux inculpations odieuses qui ont pesé sur la vie du prélat. — Vous qui calomniez M. de Quélen, l'avez-vous vu?......... — Mais le temps des turpitudes est passé, et le *choléra* a achevé de mettre en lumiére les éclatantes vertus d'un évêque à qui l'on ne peut sérieusement adresser qu'un seul reproche, celui de n'avoir pas veillé assez sévèrement, sous la restauration, à la discipline ecclésiastique dans son diocèse. — Elle fut bien belle, bien noble, la grand'messe archiépiscopale; la préface fut chantée par monseigneur avec cette voix aiguë qu'on lui connait. Après la bénédiction du prélat, nous nous retirâmes le cœur épanoui, l'ame tendue vers de sublimes pensées et de consolantes initiations; comme hommes, comme artistes, nous avions décuplé notre existence.

Le lendemain dimanche (*a*), nous voulûmes éterniser et rendre plus intimes encore, par un contraste, les impressions de la veille. Donc, après avoir entendu à Saint-Laurent, petite église fort curieuse par ses pendentifs de la renais-

---

(*a*) L'Assomption, en 1835, tombait un samedi.

sance, et qui se trouvait sur notre route; après avoir, dis-je, entendu à Saint-Laurent, la messe véritable, nous allâmes voir ce qu'était la messe postiche de l'abbé Châtel, PRIMAT DE L'ÉGLISE CATHOLIQUE FRANÇAISE. A midi précis (la grand'messe de Châtel se dit à cette heure), nous entrions, en nous cachant la figure, de peur d'être reconnus, dans l'écurie où le banqueroutier du catholicisme a ouvert sa boutique de scandales.

Des misérables habillés de rouge, criant à gorge déployée, le nom de ces journaux déplorables qui gangrènent les masses, nous avaient indiqué le chemin; car tels étaient les dignes satellites du *Primat* Châtel, placés sous le parvis du temple. — Dans la cour aussi, nous avions vu les enfants de chœur de Châtel se battant avec un crucifix rouillé, et assaisonnant leurs jeux de jurons et de ces mots infâmes qui caractérisent l'argot de la populace de Paris.

L'*église* de Châtel, c'est tout uniment un hangard long d'environ 80 pieds, sur 30 de largeur.

Des inscriptions patriotiques décorent les murs hauts de 10 à 12 pieds au plus, et recouverts du plus livide et du plus ridicule badigeon parodiant l'art du XVe siècle, en grisaille. Au milieu du haras, se trouvait le buste en plâtre de Napoléon (a), entouré de drapeaux et de fusils-Gisquet. Au fond de cette grotesque église, s'élève l'autel plaqué contre le mur de refend qui la clôt. Dans la *nef*, à droite, sur une estrade, on aperçoit un méchant clavier décoré du nom d'orgue, et du même côté, dans l'enceinte *sacrée* ou sanctuaire, un fauteuil vermoulu qui est la chaise curule, le siége pontifical de sa *Grandeur Monseigneur Châtel, Primat.*

Ici, la messe se dit d'une façon fort drôlatique, en français, entrelardée d'hymnes patriotiques, voilà tout ce que je peux vous dire. — Quand, dans un lieu, il n'y a rien pour le cœur, rien pour l'ame, rien pour l'esprit, rien pour l'art,

(a) La veille, Châtel fidèle à la Saint-Napoléon, avait prononcé l'oraison funèbre du grand empereur.

des artistes ne sauraient trouver assez de patience pour y demeurer. — Et pourtant, pour voir jouer la farce, nous étions placés aux premières loges; car un sacristain de Châtel nous ayant, sans doute, pris pour des néophytes de condition, nous avait fait asseoir en face des *coulisses*, je me trompe, de la *sacristie*, en face du *Primat*, dans le *sanctuaire*.

Tout ce que j'ai retenu de ce spectacle hideux, c'est que Châtel est âgé d'environ 40 ans, qu'il est petit, maigre, brun, et porteur d'une figure d'estaminet des mieux caractérisées. — En général, tout ce monde de Châtel sent le dévergondage, le cigarre de la régie et le carrefour. Enfants de chœur, vicaires, bedeaux, organiste, choristes, sacristains, huissiers, tous ces gens-là ont des traits ignobles, des figures de roués du plus infime étage, des visages sinistres dont la corruption et la débauche sont le type. — Ce n'est pas là qu'il faut aller chercher des têtes candides et des fronts d'honnête homme.

Nous quittâmes Châtel, honteux de nous-même; honteux d'avoir semblé partager un instant la religion d'un auditoire de niais, de banqueroutiers et de prostituées. — Quand nous revîmes le soleil, dans la cour, il nous sembla que nous recevions un baptême nouveau et que le grand air nous enlevait une souillure. — L'un de nos amis, et ce n'était pas le moins poète, marchait seul derrière nous, à pas lents, absorbé dans une méditation profonde. — Il nous parut qu'il murmurait quelques paroles. — Je m'approchai de lui, et voici ce que je lui entendis grommeler :

« Arrière, Châtel, arrière! — Arrière les forçats qui sont tes fidèles à toi; arrière les profanations et les bouffonneries de ton culte; arrière tes prêtres iniques; à la hotte du chiffonnier, le linge sale de ton autel, ton surplis crasseux, tes chasubles trouées, ton anneau pastoral de similor, ton ciboire de cuivre, ton calice de plomb; arrière les vagabonds enguenillés qui t'entourent, les roués qui t'imitent, les crapuleux hypocrites qui osent recevoir de toi leur investiture; arrière ton chœur d'ivrognes et les glapissements de ton orgue fêlé. — Peuple, crache sur le PRIMAT, conspue ses lévites, jette la boue du clapier sur les trétaux du charlatan. — Rien pour le cœur, rien pour l'ame, rien pour l'esprit, rien pour l'art. — Arrière, Châtel, trois fois arrière! — Mais, peuple, viens, viens à l'église métropolitaine de Paris où les anges te convient, où le plus touchant symbolisme t'attend, où la voix séculaire du bourdon de 32,000 livres t'appelle! (*a*)

— Place à Monseigneur Hyacinthe-Louis de Quélen, par la miséricorde de Dieu et la grâce du Saint-Siége Apostolique, Archevêque de Paris. — Voici le peuple à genoux sur les tombes, qui demande la bénédiction pontificale.

(*a*) Cette cloche fut nommée Emmanuel par Louis XIV et Marie-Thérèse d'Autriche, bénie par François de Harlay, archevêque de Paris. Elle y fut fondue en 1685, par Florentin Leguay.

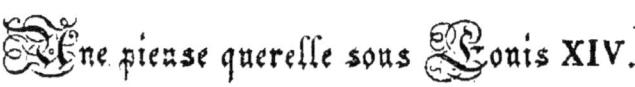

XXVI.

UNE PIEUSE QUERELLE

SOUS LOUIS XIV.

VICTRIX . PER . ARDVA
VIRTVS

Fénélon avait laissé s'échapper de son cœur cette apologie voilée du *pur amour* (a), subtilité

(a) Les maximes des Saints,

mystique que l'imagination mobile de madame Guyon (*a*) avait propagée dans Saint-Cyr comme le dogme de la piété contemplative.

— Ah! si une affligeante controverse avec ce prélat éternellement cher à l'humanité, parce qu'il unissait la candeur à la plus belle ame, les plus nobles sentiments aux plus nobles inspirations, a jeté quelques nuages sur la tolérance de Bossuet, déplorons la triste célébrité de cette lutte de doctrine où l'attitude du vainqueur parut, quelquefois, menaçante et fière; mais éloignons de notre esprit toute préoccupation qui puisse rendre problématique la sincérité d'un grand homme. (*b*)

(*a*) Jeanne-Marie Bouvières de la Mothe, née à Montargis le 13 avril, 1648, morte à Blois, le 9 juin, 1717.

(*b*) Si la vie entière de Bossuet ne déposait pas contre les inculpations odieuses qu'on fit peser sur lui, dans cette malheureuse circonstance, et que n'accréditèrent que trop dans la suite quelques expressions un peu rudes de sa *Relation du quiétisme*, nous trouverions sa justification dans la réponse franche et loyale qu'il adressa à ceux qui le félicitaient de sa victoire sur l'archevêque de Cambray : « Ce n'est pas moi, c'est la vérité qui a triomphé. »

Bossuet, inébranlable dans ses convictions, toujours fidèle à la surveillance sévère qu'il exerçait sur les opinions théologiques, crut voir dans une exagération de l'amour de Dieu, dans un dogme de spiritualisme innocent en lui-même, mais dangereux par ses conséquences, une atteinte explicite à l'orthodoxie. Il savait quel empire est promis à l'erreur, quand elle se présente aux hommes sous les auspices d'une imposante vertu, embellie de tous les charmes de la persuasion, de toutes les grâces du génie : il n'ignorait pas aussi que les variations qui troublèrent l'église au seizième siècle, n'avaient été que l'essor du libre examen en matière de croyance religieuse; il était donc fondé à craindre que la doctrine du *quiétisme* ne devînt, en France, le signal ou le prétexte d'un schisme nouveau. A force de subtiliser le spiritualisme de la foi catholique, on finit par l'abandonner au délire de la pensée, et entre l'abstraction qui égare et le doute qui matérialise, il n'y a qu'un faible intervalle; cet intervalle, c'est la vertu d'un Fénélon qui le remplissait.

M. de Cambray séduit par une contemplation sublime, ne trouvant rien que d'essentiellement pieux au fond de son ame, ne préjugeant pas même que la licence pût jamais abuser de ses principes, crut volontiers à la légitimité de sa résistance, à l'injustice d'un rival puissant, sans cesser d'être juste à ses propres yeux. Bossuet doué du plus vaste génie qui ait peut-être éclairé le monde, d'une étonnante perspicacité dans les regards, s'effrayait de l'avenir, tandis que le présent paraissait calme, voulait conjurer un orage qui n'avait encore qu'une lointaine imminence, et frapper, en un livre où l'hérésie s'était glissée à l'insu de son auteur, des éléments funestes, des germes dangereux dont s'emparerait plus tard la perversité, pour dénaturer le code catholique, c'est précisément là ce qui donna à son zèle la couleur du despotisme et à sa prévoyance les dehors de l'oppression.

Toutes les controverses, quel que soit leur objet, s'exaspèrent, quand elles deviennent opiniâtres. — Bossuet avait long-temps pressé en vain l'abbé de Fénélon, pour lui arracher le désaveu éclatant de son adhésion aux maximes de madame Guyon; mais lorsqu'il vit l'archevêque de Cambray, consacrer par l'autorité de son nom, les rêves d'une femme exaltée, ses censures se changèrent en un acte d'accusation. — De là cette aigreur dans le combat, toujours irritée par les défenses éloquentes et souvent amères de l'accusé, de là cette animosité dans la poursuite qui ressembla malheureusement à une persécution, parce que l'ardeur de la vérité est comme l'ardeur de la haine, véhémente et inflexible.

Qu'il était loin d'obéir à un misérable conseil de la jalousie, celui dont la vie entière fut un modèle de désintéressement et de pureté, celui qui, ferme dans ses devoirs, infaillible à sa conscience, n'éleva sa voix dominatrice que pour rendre à la religion sa splendeur primitive, celui qui flétrit tous les envahissements, tous les abus, soit qu'ils touchassent aux bases natives du dogme, ou à la primauté spirituelle des souverains pontifes, soit qu'ils se montrassent usurpateurs de la temporalité des couronnes, celui enfin, qui n'eut qu'une voix pour les peuples qu'on corrompt et pour les rois que l'on trompe. — Quand la religion lui semblait compromise, il s'isolait de toutes les considérations mondaines, il oubliait toutes les bienséances qui ne s'appliquent qu'à des choses de la terre, il consentait à se raidir contre ses plus fortes affections, et les vérités qu'il proclamait dans l'effusion de son zèle, il les aurait scellées de son sang. Comptable devant Dieu seul de ses actes évangéliques, il méprisait jusqu'aux inculpations odieuses des hommes, tant il ambitionnait peu la renommée et le pouvoir qu'ils distribuent. Tel fut Bossuet dans toutes les phases de sa longue et sublime carrière, tel fut Bossuet dans sa controverse avec Fénélon. Il sembla, en un siècle poli et délicat, méconnaître les égards qu'on doit à la vertu ; mais l'erreur qui emprunte leurs ailes à la vertu et au génie, il faut qu'elle soit attaquée sans faiblesse et sans ménagements, puisqu'à tous les yeux elle se légitime par sa source et séduit par ses moyens.

Le puissant vainqueur de M. de Cambray, fut, en tout point, étranger à la *révocation de l'Édit de Nantes.* Il avait combattu la réformation comme une œuvre révolutionnaire vouée à la variabilité des opinions, aux vertiges des novateurs, il avait attéré les huguenots sous le poids de son invincible théologie; mais proclamons-le à la face de l'Europe, il respecta toujours en eux ces droits de patrie que la dégradation civile doit seule frapper de déchéance, et après les cruelles dispositions surprises à la conscience égarée de Louis XIV, il ne conseilla que des moyens de douceur et d'indulgence, pour ramener les sectaires à l'unité romaine, ou dégager de sa grossiéreté originelle la croyance des nouveaux prosélytes.

— Ah! ce fut un homme bien prodigieux que ce Bossuet dont La Bruyère a dit (*a*) « que n'est-il point? nommez une vertu qui ne soit point la sienne. »

(*a*) Discours de réception à l'Académie Française.

FIN.

ANNOTATIONS SUPPLÉMENTAIRES.

I.

Page 16, ligne 14 (souper avec Weiss), quand j'ai dit : *l'art* ADOLESCENT *du XIII*ᵉ *siècle*, je n'ai pas voulu exprimer que l'architecture du XIIIᵉ siècle fut adolescente; je regarde, au contraire, le type de cette époque comme le type vraiment viril de l'art. Mais j'ai établi qu'à Saint-Jean de Besançon, ce type se traduit d'une manière timide et encore indécise, dans les premiers ans de ce XIIIe siècle qui eut la gloire de fixer l'architecture nationale.

II.

JOSEPH LE BON A LA CATHÉDRALE D'AMIENS.

Depuis l'impression de *Joseph Le Bon*, de nouveaux renseignements sur André Dumont, nous sont parvenus d'Amiens où vit encore cet ancien commissaire. De bonne foi, nous l'avouons, le caractère historique de Dumont nous avait paru tel que nous l'avons dessiné; nous nous serions bien gardé de calomnier un homme dont une foule de penchants honnêtes, beaucoup d'actions généreuses ont atténué l'exaltation révolutionnaire.

A propos d'une adresse datée de Boulogne-sur-mer, le 24 août 1793 envoyée aux habitants d'Abbeville et signée d'André Dumont et de Joseph Le Bon, co-représentants du peuple, M. F. C. Louandre père, bibliothécaire d'Abbeville, dit : « Bien que le nom d'André Dumont se trouve accolé au bas de cette pièce à celui de Joseph Le Bon, on se tromperait étrangement si l'on supposait qu'il y ait eu la moindre affinité entre le caractère de ces deux représentants. Dumont, malgré son effervescence républicaine et ses déclamations, ne souilla le cours de son proconsulat par aucun acte de cruauté; bien au contraire, il arracha constamment à la mort les personnes qu'il faisait mettre en arrestation. M. Dusével dans son *histoire d'Amiens*, lui rend cette justice qu'il ne fit périr aucun citoyen de cette ville, et que loin de là, il s'efforça toujours de la préserver des proscriptions de Le Bon. » (Histoire ancienne et moderne d'Abbeville. — 1835 — Abbeville, imp. de A. Boulanger, page 458.) « La mission d'André Dumont, dans le département de la Somme, dit M. Lacretelle, est une sorte de phénomène historique. Personne ne parla avec plus de dureté que lui le langage révolutionnaire. Il fit de nombreuses et continuelles arrestations;

mais, j'ose le dire, parce que j'en ai acquis la conviction sur les lieux mêmes, il sauva la vie de ceux envers lesquels il se montrait si redoutable; et le comité de salut public et le tribunal révolutionnaire, et l'échafaud les réclamèrent en vain. Les commissaires de la Convention n'étaient pas tous des émules de la cruauté des Joseph Le Bon, des Carrier et des Collot-d'Herbois. » (Précis historique de la révolution française.)

André Dumont, dans notre travail n'est qu'un personnage secondaire, puisque c'est surtout Le Bon que nous voulions mettre en scène. Mais nous nous estimons heureux que le *Franc-Picard* du 16 mars, 1836 (2ᵉ année n° 11) mette sous nos yeux un mémoire garanti authentique par M. C. Th., parent d'André Dumont. Ce mémoire dont, au reste, mon savant ami M. H. Dusével ne parle pas dans son histoire d'Amiens, est signé :

ROUSSEAU,

Ingénieur architecte du département de la Somme.

Ce Rousseau qui n'est autre que le voyer que nous avons mis en scène, proposait de laisser subsister la cathédrale d'Amiens, mais de la vandaliser complètement, de la changer en promenoir public, d'en briser les stalles, les grilles, les marbres et les tombeaux.

Quand on lui présenta ce mémoire revêtu de l'approbation des autorités municipales, André Dumont fut saisi d'une indignation telle que sans vouloir en achever la lecture, il écrivit en marge : « cette proposition est inadmissible et ne mérite pas de réponse. »

Le mémoire de Rousseau est daté d'Amiens le 7 frimaire de l'an deuxième de la République une et indivisible. Il a pour titre : — Amiens — Temple de la Vérité et de la Raison — Mémoire.

Ainsi, André Dumont a aussi contribué, pour sa part, à sauver Notre-Dame d'Amiens, et ce n'est pas le moindre de ses titres à la reconnaissance de la postérité.

TABLE.

	Un mot d'Auteur	page 5
I.	Un souper avec Weiss.	9
II.	Chant d'amour.	31
III.	Joseph Le Bon à la cathédrale d'Amiens.	41
IV.	Simon de Chastellux.	63
V.	L'aumône.	71
VI.	Cantilena.	87
VII.	Prière.	91
VIII.	La fille aux sept têtes.	99
IX.	Lai d'amour de Thibault de Champagne.	121
X.	Résurrection artiste.	127
X. *bis*.	Prose et poésie.	137
XI.	Hautes études.	145
XII.	Véra.	161
XIII.	Pour la Bourgogne.	187
XIV.	Pour une prise de tabac.	231
XV.	Les chemins de fer.	251
XVI.	Le sous-préfet par intérim.	259

XVII.	Séance publique d'une académie de province.	277
XVIII.	A propos d'une basilique.	303
XIX.	Le choléra-morbus.	315
XX.	Le dimanche à Genève.	323
XXI.	Gentille Rose. — A deux poètes amis.	337
XXII.	Critique d'art et de livres.	345
XXIII.	En courant.	365
XXIV.	Derniers chants.	391
XXV.	La messe de Châtel.	399
XXVI.	Une pieuse querelle sous Louis XIV.	411
	Annotations supplémentaires.	419

FIN DE LA TABLE.

www.ingramcontent.com/pod-product-compliance
Lightning Source LLC
Chambersburg PA
CBHW071114230426
43666CB00009B/1960